ファンは少ないほうが稼げます

ライフコンサルタント
藤あや 著

WAVE出版

はじめに

「もっと自分らしく自由に働きたい」

「今の仕事だけで大丈夫か不安。将来に備えて、ほかに収入源を増やしておきたい」

「でも、なんの取り柄もない自分が、いきなり個人で収入を得られるもの？」

「集客するなら、自分のファンがたくさんいないとだめだな……」


今、こんなふうに感じている人は多いでしょう。でも、

「ファンは少ないほうが稼げる！」


そう聞いたら、どう思いますか？

「ファンが何万人、何十万人と、とにかくたくさんいないとビジネスにならないし、

収入も得られない、つまり生計を立てられない」

これは、実は大きな誤解です。

私は現在、ブログやメルマガ、ネットラジオなどのSNS媒体で、起業の始め方、個人がファンをつくる方法をお伝えしています。

4年前までは大手企業で営業職をしていました。新卒で勤めて5、6年たったころから、「このままの働き方が、本当に自分の理想なのか？」と何度も自分に問いかけ、31歳をすぎたときに独立を決意して会社を退職。

「自分に何ができるか？」を模索しながら、ゼロからビジネスを構築し、今ではたくさんの**すてきなお客様に囲まれて、好きなときに、好きな人と、好きな場所で、好きな仕事をしています。**

この本を手に取られた方は、おそらく「インフルエンサーとして活躍したい」とは思っていないでしょう。それよりも、「自由な時間を使って収入を得たい」「すてきなお客様に向けてストレスフリーでビジネスをしたい」という方が多いのではないでしょうか。

だとしたら、きっと本書がお役に立つはずです。

これから、本当にあなたのことを好み、応援してくれる「コアなファン」とつながり、長く愛されるビジネスをゼロから構築する方法をお話ししていきます。

自分が心を込めて練り上げた商品を販売し、お客様から感謝のメッセージをもらう。その喜びは、初めてのアルバイトでお金を手にしたとき、初任給をもらったときのあの感動、いや、それ以上のものになるでしょう。

また、その経験は、先行き不安な時代だからこそ、何ものにも代えがたい「自信」という財産になります。

いつでも、いくつになっても、「自分の力でお金が生み出せるんだ」と感じられることは、不安な気持ちをかき消し、前に進むエネルギーを与えてくれます。

本書が、ひとりでも多くの方の豊かさと幸せにつながりますように。

藤　あや

2021年11月

ファンは少ないほうが稼げます！　目次

2章

長く愛されるビジネスをつくろう

4
章

コアなファンができる発信力の磨き方

5章

お金がどんどん入ってくる仕組みをつくろう！

装丁　tobufune（小口翔平＋三沢　稜）
執筆協力　福島結実子
企画協力　鮫川佳那子
DTP　NOAH

1章

なぜ、ファンは少ないほうが稼げるのか？

フォロワーがたくさんいても意味がない

■「フォロワー50万人」でも大ヒットにはならない

「これさえやればフォロワー激増！」――ネット上には、こうしたコツやテクニックを紹介する「まとめサイト」や動画があふれています。SNSでいろいろな人とつながりたいのなら、フォロワーが広く浅く、多ければ多いほどいい……。

たしかにそうかもしれません。でも、SNSを起業や副業に役立てたいのなら、この考え方を信用するどころか、真逆に変える必要があります。

ビジネスの成功とフォロワーの数は比例しない。それどころか**「ファンは少ないほ**

うが実は稼げる」のです。

たとえば、インスタグラムで何十万人ものフォロワーがいるインフルエンサーが、本を出したとします。フォロワー全員が本を買ったら、あっという間に何十万部の大ヒットになるはずです。でも、そういう話はほとんど聞いたことがありません。

なぜかというと、その何十万人のフォロワーの大半は、日々、無料の発信を「流し見る」だけで、もう一歩踏み込んだ行動をとるわけではないからです。お金を出してコンテンツを「買う」というフォロワーは、かなり限られるのです。

仮に50万人のフォロワーがいて、本の販売部数が1万部だとしたら、単純計算で、その人のコンテンツを「買いたい」という人は50人に1人だったということになります。

本を例に挙げましたが、これは何にでも当てはまる話です。いくらフォロワーが多くても、商品やサービスが実際に売れるとは限りません。

では、フォロワーの数によらず「ファンは少ないほうが稼げる」というのは、いったいどういうことでしょうか。

■「コアなファン」がいれば十分稼げる

起業するにせよ、副業を始めるにせよ、**ビジネスの成功の鍵となるのは、高額な商品でも買ってくれる「コアなファン」をつくっていくことです。**

ただフォローしているだけで、好意的とは限らない「フォロワー」が多数いるのか。あるいは、あなたに好意的ではあるけれど、商品やサービスのリピーターではない「ただのファン」がそこそこの数いるのか。

それとも、あなたに対して憧れや親近感、応援する気持ちをいだいていて、リピーターになってくれる「コアなファン」が少数いるのか。

最後のケースが、圧倒的に売上は伸びやすいという話です。

そして「コアなファン」をつくっていくには、あらかじめ発信の対象を絞り込むこと。つまり**「自分の伝えたいことが、伝えたい人だけに届く」ようにする。**「フォロワーをむやみに増やそうとしない」ことが大切です。

❖ファンのピラミッド構成

ただのファンがコアなファンになるように働きかけていくと、
安定した利益が得られやすくなる。

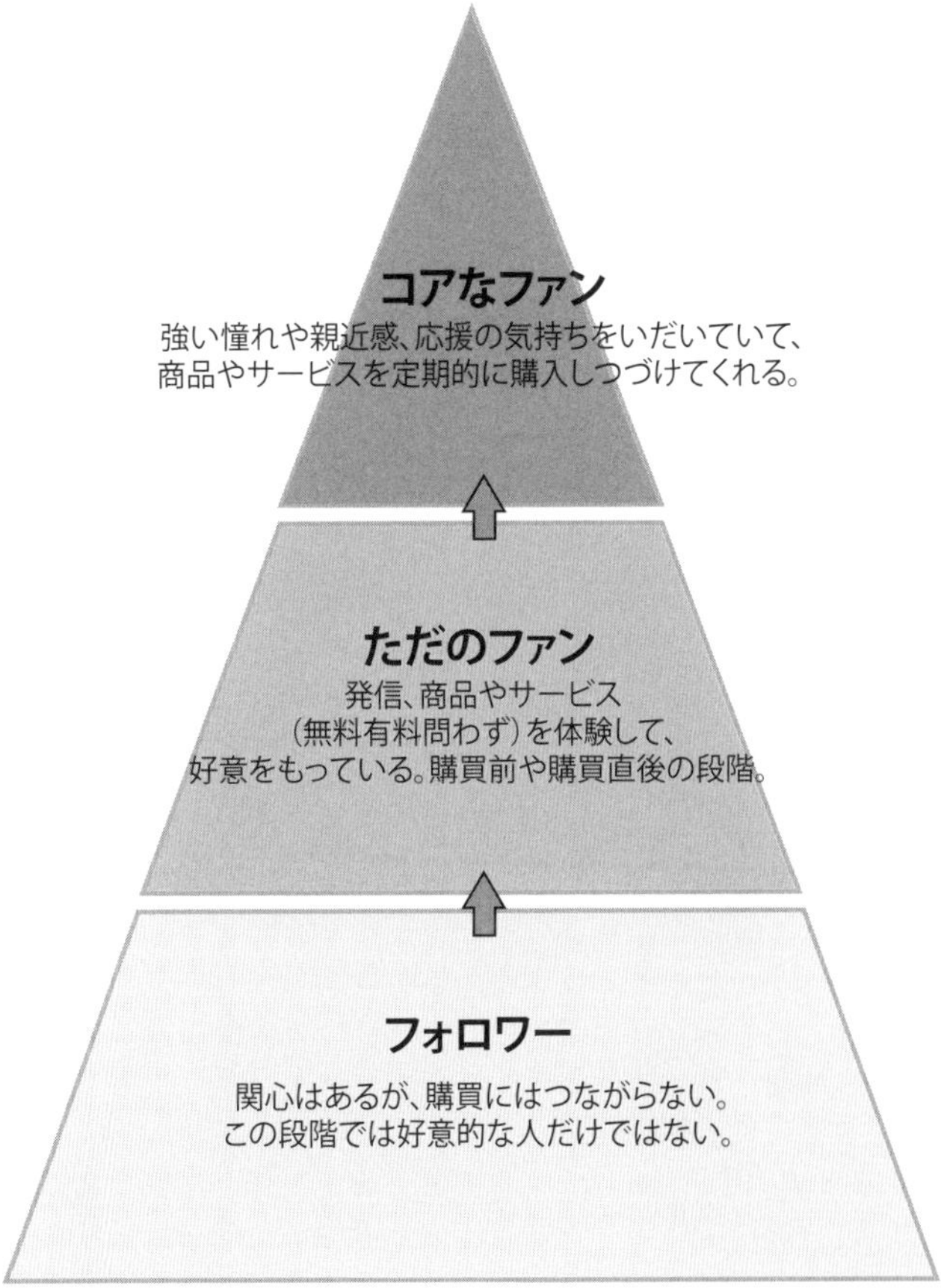
コアなファン
強い憧れや親近感、応援の気持ちをいだいていて、
商品やサービスを定期的に購入しつづけてくれる。
ただのファン
発信、商品やサービス
（無料有料問わず）を体験して、
好意をもっている。購買前や購買直後の段階。
フォロワー
関心はあるが、購買にはつながらない。
この段階では好意的な人だけではない。

1つ実例を挙げましょう。私の友人に、「バストアップサロン」を経営している人がいます。法人化していて、店舗は2つで、サロンは全国展開しているという成功例です。

ところが、この友人のブログのアクセス数は1日に300〜400程度と、決して多くはありません。

バストアップというのは、美容分野のなかでも特殊なほうに入ります。ダイエットや美肌エステよりも、お客様層は薄いでしょう。

だから、ブログアクセス数は少なくても不思議はありません。ただ、ブログにアクセスする人は、すでに真剣にバストアップを考えているので、かなりの確率でサロンに予約を入れていると考えられるのです。

しかも高額なので、最初から収益性は高かったと話していました。

「バストアップしたい人」という限られたターゲットに向けて発信しているからこそ、このビジネスは成功したのです。

セミナーを開く。商品を売る。オンラインサロンを主宰する。起業であれ副業であれ、こうしたビジネスがうまくいくかどうかは、フォロワーの数とも自分の知名度ともまったく関係ありません。

裏を返せば、こうもいえます。**フォロワーが何万人、何十万人といなくても、知名度などまったくなくても、自分の知識やスキルをビジネスに生かして稼いでいくことは十分可能なのです。**

私自身、知名度は決して高いとはいえません。私の起業セミナーの卒業生でも、世間的には「これ、誰？」というくらいの知名度でありながら、年間300万円とか500万円、多くなると1000万円を超える収入を得ている人もいます。

もし起業や副業を考えているのなら、**「あなたから買いたい」と思ってくれる「コアなファン」がつくように自分のビジネスを練り上げ、その人たちだけに向けて発信していきましょう。**

そのなかで、一定数の人たちが自分という人間に価値を見出してくれれば、立派に売上を伸ばしていくことができます。

「戦略的ＳＮＳ」で狙った層だけに情報を届ける

■「数」よりも「エンゲージメント率」がモノをいう

仮に、買ってくれる人が50人に1人の確率だとしたら、母数が多いに越したことはないと思ったかもしれません。なるべく多くのフォロワーを獲得しておいて、そのうち数%でもお金を出してくれたら、ビジネスは成立するのではないかと。

数の論理で考えればそうかもしれませんが、ＳＮＳは数の論理だけで動いているわけではありません。

どういうことか――。インスタグラムで考えてみるとわかりやすいでしょう。インスタグラムで、目についた人を片っ端からフォローしたり、「いいね！」を押したりすれば、おそらく一定数はフォローバックしてくれるはずです。

こうしてフォロワーの数は増えたとしても、問題はそのあとです。

インスタグラムは、フォロワーの何割が新規の投稿を最後まで読んだか、コメントや「いいね！」などのアクションを起こしたか、などの「エンゲージメント」を細かく解析しています。

だから、フォロワーが自分の投稿を最後まで読んだり、「いいね！」を押したりなどのアクションを起こしてくれなければ、アルゴリズム（問題を解く計算手順）は反応しません。新規の投稿がフォロワーのタイムラインに表示されにくくなるということです。

よく「インスタグラムはバズりにくい」といわれます。それは細かいエンゲージメントの解析により、「タイムラインに表示すべき投稿」をアルゴリズムが比較的厳しく選別しているからなのです。

インスタグラムひとつをとっても、このように、フォロワーを増やすための労力は非常に効率が悪い。ならば最初から、**「ほぼ確実にお金を出してくれるコアなファン」を獲得するための努力をしたほうがいい**という話です。

そうすると、単にビジネス的に効率がいいだけではありません。「発信の質が磨かれている」とか、「本当に必要としている人たちに届いている」ことが必要で、それによって自分は自己肯定感が上がるなど、いろいろとメリットが多いのです。

■ フォローや「いいね！」はアカウントを育てるため

ビジネスを始めたばかりのころは、自分のアカウントを育てるために、まずは自分から積極的にフォローしたり「いいね！」をすることが必要です。SNSでコアなファンをつくっていくには、まずSNSの世界で自分の存在を知ってもらわなくてはいけないからです。

といっても誰でもいいわけではなく、あなたに関心がありそうな人、つまり「将来、自分のコアなファンとなり、ビジネスのお客様になるかもしれない人たち」の間での認知度を高めるということです。

アカウントを育てるというのは、将来のお客様候補に自己紹介をするようなもの。無差別にフォロワーを増やすということではないのです。

SNSを見ている人たちは、年齢も性別も国籍もバラバラです。いろいろな属性の人たちが入り混じっているなかで、将来のお客様候補に自分の存在を認知してもらうには、その層に向けて「私はこういう属性の人間で、こういうことに関心があり、こういうことを発信しています」という情報を示す必要があります。

そこで、自分と似た属性の人や、自分の想定顧客層に属する人をフォローし、自分が本当にいいと思う投稿に「いいね！」を押す。

すると、同じような属性、同じような興味関心をもつ人たちのタイムラインに、あなたのアカウントが表示される確率が高くなります。そのなかから、あなたを支持するコアなファンが生まれていく、というイメージです。

無差別にフォロワーを増やすのではなく、このように、**狙った層で認知度が高まるように、戦略的にフォローや「いいね！」をする**ことが、ビジネス成功の最初の足がかりとなります。

リアクションの数と売上はまったく比例しない

■「好きでもリアクションしないファン」はたくさんいる

起業や副業の成功は、フォロワーの数とはほとんど関係ないとお話ししました。

もっといえば、**「いいね！」やコメントなど、フォロワーの「リアクションの数」と売上も、実はまったく比例しません。**

「いいね！」やコメントが多く入るようになったら、ファンが増えている証、そして売上が伸びる兆しだと思うかもしれませんが、そうとは限らないのです。

なぜなら、商品を買ってくれるほどのファンならば「いいね！」やコメントするに決まっている……とはいえないからです。

むしろ、好きであればあるほどアクションを起こしづらくなってしまう。一種のファン心理というか、「照れ」みたいなものが働いてしまうのです。

その人のことが好きだから、投稿は欠かさず見る。「いいね！」やコメントしたいと思うこともある。でも、好きだからこそ照れが邪魔して、結局はSNS上では何もアクションしないまま、その人が売り出した商品やサービスは買う。

自分自身を振り返ってみても、思い当たる節がある人は多いのではないでしょうか。

こうした一種のファン心理に加えて、「何をいいと思っているのかを人に知られたくない」というSNS特有の事情が関係していることがあります。

たとえばインスタグラムやフェイスブックでは、「誰々が何々に『いいね！』しました」という表示が出ることがあります。

そうなると、自分が何かに「いいね！」したことが、そのアカウントでつながっている古い知人や会社の同僚、家族に知られる可能性がある。それを避けたいために、気軽に「いいね！」できないケースが多いのでしょう。

たとえば夫婦関係について悩んでいたとしても、友人や同僚、ましてや家族とつながっているアカウントで、「夫婦の悩み」や「離婚準備」といったテーマで発信しているアカウントに「いいね！」するのは抵抗があるはずです。

だから「いいね！」はしないけれども、毎日、そのアカウントに飛んで内容をチェックしている。こうしたケースは意外と多いと考えられます。


さらには、そもそもファンがSNSのアカウントをもっていないというケースもあります。インスタグラムもフェイスブックもアカウントをつくっていないからフォローしていない、でもブログだけは愛読している、といった人も一定数いるのです。

■ これからは「数」に惑わされない

というわけで、「いいね！」やコメントの数は、あなたのコアなファン数の目安にもならなければ、将来的な売上にも比例しません。

私の起業セミナーの申し込み欄でも、よく「コメントとかしたことがないのですが、投稿はずっとチェックしていました」「フェイスブックはやってないのですが、ブログは欠かさず読んでます」といったコメントを目にします。

起業や副業の告知ツールとしてSNSを使いはじめると、まずフォロワーの数、続いて「いいね！」やコメントの数が気になると思います。でも、すべてにおいて「数」の伸びが見られなくても、心配する必要はありません。

しっかりコンテンツが磨かれていて、狙った層に届くようにしていれば、フォロワーは少なくてもコアなファンは必ずできます。そしてコアなファンならば、コメントや「いいね！」などしなくても商品は買ってくれる。そういうものなのです。

コアなファンがいれば年収1000万円も夢じゃない

■「必死に集客しない」からこそ好循環が生まれる

コアなファンができると、次のようなすてきな好循環が生まれます。

まず、コアなファンは、あなたのことを信頼し、支持しているので、高額商品でも買ってくれます。そして高額商品のほうが、実は顧客満足度が高くなります。

なぜなら、高額商品は本当に「欲しい」と思わなければ買わないものだからです。「無料だから、とりあえず受け取っておくか」ではなく、「欲しいな、でもちょっと高いな。でも欲しいな、やっぱり欲しいな……よし、買おう！」という決断にいたるからこそ、満足度も高くなるわけです。

その商品のよさを、吟味しつくして納得したうえで「買う」と決めているから、買う時点ですでに満足している、といってもいいかもしれません。

セミナーなどの場合は、高いお金を払っているからこそ真剣に耳を傾けるし、ワークなどにも一生懸命、取り組みます。すると当然、成果も出やすくなるため、「参加してよかった」と思う。やはり満足度が高くなるのです。

一方、提供する側としても、「高いお金を払ってくれたのだから、期待に応えられるように精一杯やろう」と一生懸命になるはずです。

たとえば、セミナー講師ならば「自分から伝えられることを全力で伝えよう」と、内容を磨き上げ、受講生全員のレベルを引き上げるために、1人ひとりと真剣に向き合います。

ダイエットコーチならば「お客様が望んだ体になれるように、全力でサポートしよう」と、自分の知識とスキルを総動員します。

自分がつくったグッズを売る場合でも、「満足してもらえるように、最高の商品をお届けしよう」と、細心の注意を払って仕上げます。

高額商品だと、お客様は自然と一定数に絞られるからこそ、1人ひとりに向けて、しっかり時間を割くことができます。要は、より少ない人たちに対して、より質の高い内容を届けるということです。

こうして顧客満足度が高くなれば、そのうち何人かはリピーターになってくれるでしょう。また、その人たちが評判を広げてくれることで、新規のお客様にも発信が届きやすくなります。

　すると自分のモチベーションもいっそう上がり、さらに内容に磨きがかかり、顧客満足度もまた高くなって、リピーターや新規のお客様が増える——という好循環が生まれます。そうなれば、年収1000万円だって夢ではありません。

「数」を求めて必死に集客しなくても、コアなファンさえ獲得すれば、売上を伸ばすことができるのです。

■「無料でお試し」は避けたほうがいい

では、「無料プレゼント」「無料でお試し」といった方法で集客しようとすると、どうなるでしょうか。たしかに注文はたくさん入るかもしれませんが、先ほどお話しした好循環とは正反対のことが起こる可能性が高いでしょう。

吟味しないで受け取る人が多くなりますね。吟味しないで受け取ったものというのは、あとで「思っていたのと違う」と不満をいだくことになりがちです。

セミナーの場合では、お金を払って受講するより真剣度もモチベーションも低くなり、モチベーションが低くなれば成果も出づらくなる。これでは満足できません。

また、提供する側としても「無料」に惹かれて集まった多種多様な人たちに対応するのは至難の業です。注文が多くなればなるほど、1人ひとりのお客様、1つひとつの商品に割ける時間が少なくなってしまうという物理的な難しさも生じます。

お金を受け取るというのは、一種のハードルを設けるということ、お客様をフルイにかけるようなことです。世の中には本当にいろいろな人がいますから、そのハードル、フルイを取り払ってしまうと、どんな人が来るかわかりません。

最初は自分の商品に自信がなくて、「誰でもいいから試してほしい」と思うあまり「無料プレゼント」「無料でお試し」といった方法を選びがちです。その気持ちはよく理解できます。最初は自信がない。誰でもそうです。

だから、まず小手調べ的に安い値段から始めるというのはアリです。自信がつき、相応の値段を受け取れるようになってから、ときどき感謝を込めて無料キャンペーンをするなどはいいでしょう。

でも、最初の集客のために「無料」で提供するのは、自分にとってもお客様にとっても、あまりいいことにはなりません。たとえ少額であっても、「お金をいただく」という最低限のハードルは設けたほうがいいのです。

ビジネスを始めると「お客様がいなくては始まらない」「とにかく集客!」とばか

りにお客様の数にとらわれがちです。そこで「無料」から始まる悪循環にはまってしまわないように、**お客様は「量」より「質」である**と覚えておいてください。

一定の料金を設け、「自分の商品を本当に必要としている人」「自分のライフスタイルや価値観を理解し、共感してくれている人」だけに買ってもらえるようにする。この最初の意識設定がとても重要です。

■ コアなファンはクレーマーにならない

そしてもう1つ。コアなファンがいる好循環のなかでは、実はクレーマーが現れにくいというメリットもあります。

コアなファンは、あなたの商品やサービスだけを求めているのではありません。日ごろからあなたの発信を読んでいて、しかも、あなたの商品やサービスに決して安くないお金を払ってくれる。これは、あなたのライフスタイルや価値観に、すでに共感しているということです。

このように、いわば「ルイトモ」のようにして集まってくれるのがコアなファンです。自分の想いに賛同し、サポートしてくれる「仲間」といってもいいでしょう。

そういう人は、こちらが「1」を提供したら「10」を受け取ってくれます。商品のよさが、お客様のほうで勝手に増幅されるという感じです。

私も受講者の方々の感度のよさには毎回、驚かされます。まさに「打てば響く」という感じで吸収し、こちらがおすすめしたことは積極的に取り入れてくれます。

価値観の点で響き合っていれば、こちらのメッセージを誤解して受け取ったり、重箱の隅をつついてつまらない文句をいってきたりはしません。

友だち、仲間がそうであるように、コンテンツに疑問点があれば質問するし、商品に問題を感じたら指摘するはずです。これらはクレームではなく、ポジティブなフィードバックです。

コアなファンとの間では、こういう健全な関係性が築かれるのが通常なので、クレーマーとは無縁でいられるのです。

会社員で毎年1億円売り上げた3つの法則

■売上はお客様の「支持」「愛情」「応援」の現れ

独立する前の私は、あるオフィス機器メーカーの営業でした。大変なことも多かったのですが、おかげさまで多くのお客様と良好な関係を築き、売上は毎年1億円にも上りました。

あるとき、そんな営業時代の自分を振り返ってみたことがあります。お客様に喜んでいただくために、何をしてきたのか?

営業の仕事をするうちに確立されたノウハウを、あらためて言葉にしてみたら、仕事の内容はまったく違っても、実は今に生きていることばかりでした。

売上とは、いったい何でしょう。私は、**「お客様からの支持」であり、「お客様から愛された結果」である**と考えています。「あなたの仕事がもっとうまくいきますように」という「応援の気持ち」も多分に含まれているでしょう。

日々の言動によって、お客様から支持され、愛され、応援される人ほど、がんばって売ろうとしなくても、売上は自然に伸びていくものです。

「どんな質問にも、誠実で的確な答えが返ってくる」

「いつも、気持ちのいい対応をしてくれる」

「この人に会うと、元気になれる」

こんなふうにお客様から思ってもらうごとに、支持や愛情、応援が積み重なり、結果的に売上が増えるというわけです。

■ ビジネスの鉄則は「求める前に差し上げる」

では、どうやったらお客様から支持、愛情、応援を集められるのでしょうか。それは次の3つのポイントに集約できます。

① 売るより先に差し上げる

これは、**「まず、情報を惜しみなく差し上げよう」**ということ。

私の担当は、すでに製品を使ってくださっている方に新規の商品などを売り込むルート営業でした。

ノルマがあるので、最終的には売らなくてはいけません。でも私は、最初から売り込もうとはせず、「他社さんではどういう使い方をしているのか」「最近のオフィス機器業界で注目されているのは何か」など、ひたすら情報提供に徹していました。

客先に足繁く通い、かといってとくに何かを売り込むわけでもなく、世間話のように情報提供だけして帰ってくる。そうしているうちに、新しい商品をプレゼンする機会が訪れ、すんなりお買い上げいただける、という流れが生まれていきました。

このように「先に徹底的に差し上げる」というのは、起業や副業のために発信するときにも重要です。今までどんなことをしてきて、今はどういう想いで、これから何をしようとしているのか。

商品を売り込むのではなく、あなたという人間に関する情報提供に徹すること。いってみれば「足で稼ぐ」という営業のノウハウをネット上で実践するイメージです。最初は顔も名前も覚えてくれなかったお客様が、足繁く通ううちに「どこどこの○○さん」と呼んでくれるようになり、売上という扉が開く。同様の反応を、SNSを使ってネット上で起こしていけばいいわけです。

ネットの世界では幾万もの情報が交錯しています。**「私は○○をしている、こういう人間です」と何度も繰り返して発信しなくては、信頼に足る存在として認めてもらえません。そうして認めてもらうことが、成功の扉を開くのです。**

② お客様を知り抜く

これは、自分のお客様が何を求めているのかを徹底的に突き詰めようということ。

会社員時代の商材はオフィス機器でしたが、お客様によってニーズはさまざまです。だから、どのお客様に対しても同じものを同じように売るのではなく、**お客様ご**

とに「今、何に困っているのか」「何が足りていないのか」「それを解決するために、自分には何ができるのか」を徹底的に考えるようにしていました。

起業や副業に置き換えると、まず、将来の自分のお客様像をできる限り具体的に絞り込むことが出発点です。

「誰でもいいから買ってほしい」ではなく、「こういう人にこそ買ってほしい」というイメージを明確に定め、「その人は、どんなことに困っていて、それを解決するために自分には何ができるのか」と絞り込んでいくのです。

③ 商品はお客様へのプレゼント

これは、「お客様にどんな利益を与えられるだろうか」「どうしたらお客様を笑顔にできるだろうか」と考えようということ。

ルート営業で既存のお客様に新規のご提案をするとき、私は**「売りたい」よりも「喜ばせたい」**にフォーカスするようにしていました。

みなさんはこれからビジネスを設計していきますが、ぜひ、お客様にプレゼントを贈るような気持ちで取り組んでください。

この③は、40頁の②とつながっています。お客様を笑顔にするには、お客様のことを知り尽くしていなくてはいけないからです。

「自分のお客様は、どんなことに悩んでいるのだろうか?」

「自分のお客様は、どんなことを求めているのだろうか?」

これらに対する解決策が、お客様へのプレゼントになります。

お客様から支持され、愛され、応援されることが売上につながっていくわけですが、その前に大切なのは、まず情報を差し上げること。そしてお客様のことを知り抜き、プレゼントを贈るような気持ちで商品を練り上げることなのです。

では次章から、どのようにビジネスを設計したらいいのか、日々どのように発信していけばいいのか、具体的なことをお話ししていきましょう。

2 章

長く愛される
ビジネスをつくろう

オンリーワンビジネスのつくり方

■同じ能力でも「自分だけの生かし方」がある

自分という人間はこの世に1人であり、たとえ似たようなことが得意な人がいても、能力の生かし方は千差万別です。だからこそ、誰もが自分だけのビジネスをつくることができます。

たとえば、「人の悩みを聞くことが得意」という人が3人いたとしましょう。

Aさんは、悩んでいる人を笑顔にすることで、気持ちを楽にしてあげられます。

Bさんは、人の悩みについて考え抜き、客観的な立場から論理的にアドバイスすることで解決へと導いてあげられます。

Cさんは、悩んでいる人に徹底的に寄り添い、「味方だよ」と示すことで勇気づけてあげられます。

いかがでしょう。「悩みを聞く」という点では一見同じようでも、その能力の生かし方はまったく違います。

能力の生かし方が違えば、当然、想定されるお客様も違ってきます。

Aさんのお客様は「気持ちを軽くしてほしい人」。Bさんのお客様は「客観的な立場からアドバイスが欲しい人」。Cさんのお客様は「勇気づけてほしい人」。

お客様側のニーズも1つではないので、みなオンリーワンビジネスとして成立するというわけです。

■自分だけのビジネスを構成する3要素

では、自分はどの能力を、どんなふうに生かせばいいのか。それには、次の3点を自分のなかで明らかにしておく必要があります。

①情熱の源泉………ビジネスになりそうな自分の才能、資質、強みは何か。
②ペルソナ…………自分の将来のお客様像は、具体的にどんな人か。
③ベネフィット……ペルソナに当てはまる人たちに、どんな「よりよい未来」を差し上げられるか。

この3点をかけ合わせて浮かび上がってくるものが「自分にしかできないオンリーワンビジネス」です。

100人いたら、100とおりの情熱の源泉があるはずです。ペルソナも100とおり、ベネフィットも100とおり。つまり「情熱の源泉×ペルソナ×ベネフィット」に同じものはありません。

これは非常に重要なポイントです。情熱の源泉とペルソナとベネフィットをかけ合わせて導かれる答えこそが唯一無二のあなたの価値となるからです。

これから紹介していくワークを通じて、ぜひ楽しみながら、みなさんのオンリーワンビジネスを構築していってください。

情熱の元は自分の才能、資質、強みにある

■「努力で獲得したこと」か「努力なしに得たこと」か

自分のことは、自分自身が誰よりも知っているようでいて、実は一番わかっていないのかもしれません。

自分の才能、資質、強みはとくにそうです。これらは往々にして「すでに自分にとっては当たり前のこと」であるため、なかなか、それこそが自分の才能、資質、強みであるとは自覚しづらいのです。

ここでは「情熱の源泉を見つけるワーク」で、自分を掘り下げてみましょう。

情熱の源泉は、大きく2種類に分けられます。

1つは「努力して獲得したこと」、もう1つは「努力なしに得たこと」。正反対ですが、これは人によって違うだけで、どちらも等しくオンリーワンビジネスにつながります。

たとえば、もともと人と話すのが苦手だったけれど、努力して克服したという人は今現在、「人と話すのが苦手」という人がどんな気持ちなのか、どういうところでつまずきがちなのか、などがよくわかるはずです。

だからこそ、苦手を克服してきたというプロセスが、そのままオンリーワンビジネスになる可能性があります。

一方、「人とうまく話せない人を見るとイライラする」という人もいるでしょう。自分は難なくできるからこそ、「なぜ、できないんだろう?」と思ってしまう。

これは、人と話すことを苦手とする人が欲しくてたまらない能力が、もとから備わっているということですから、やはり、強みであると自覚できればオンリーワンビジネスになりえます。

見てのとおり、「人と話すノウハウ」をビジネスにする点では同じでも、一方は「もともと苦手だったからこそ教えられる」、もう一方は「もとから得意だったからこそ教えられる」という具合に根拠が違います。

■「情熱の源泉」を見つけるワーク

では、ワークに移りましょう。次の問いについて考えてみてください。すべてに等しく答える必要はありません。一番長く答えを書きたくなるもの、思い当たるところが多いものが、情熱の源泉を探るヒントになります。

1 今までで一番つらかった、切なかった経験は何ですか？
2 悩みながらも乗り越えたことは何ですか？
3 乗り越えてきたコンプレックスは何ですか？
4 人から相談を受けて、熱く答えてしまうことは何ですか？
5 人からよくお願いされることは何ですか？

6 何時間でもやってしまうことは何ですか？
7 人よりうまくできることは何ですか？
8 できない人を見てイライラしてしまうことは何ですか？
9 自分にとってパワーチャージになるのは、どんな時間ですか？
10 空き時間ができると、ついやってしまうことは何ですか？
11 それをするだけで心がワクワクすることは何ですか？
12 職場や友人、サークルなどのなかでは、どんな役割です（でした）か？
13 幼いころに夢中になっていたことは何ですか？（親や幼馴染に聞いてもかまいません）

1～3の問いが響いた人は「努力して獲得したこと」に情熱の源泉があるタイプ、4～13の問いが響いた人は「努力なしに得たこと」に情熱の源泉があるタイプとなります。

❖「情熱の源泉」を見つけるワーク（回答欄）

1 ____________________

2 ____________________

3 ____________________

4 ____________________

5 ____________________

6 ____________________

7 ____________________

8 ____________________

9 ____________________

10 ____________________

11 ____________________

12 ____________________

13 ____________________

さて、あなたはどの問いが一番響くでしょうか。

努力して獲得したことなのか、努力なしに得たことなのか、このワークで両方の側から考えてみて、自分の情熱の源泉を探り当ててください。

将来のお客様像を「最後の1人」まで絞り込む

■「好きな人」をお客様にしたほうがうまくいく

次に取り組むのは、ペルソナを設定するワークです。

1章で説明したとおり、フォロワーの数は起業・副業の成功にほとんど関係なく、フォロワーを増やす方法も、あまり意味がありません。

フォロワーを増やす労力を割くくらいなら、自分のお客様はどういう人かを明確にして具体的に絞り込む。これがペルソナを設定するということです。

「将来、自分のお客様となってくれるのはどんな人か」
「どんな人に一番、自分の商品やサービスを買ってもらいたいか」

ここでポイントとなるのは、**「友だちになれそうな人」を将来のお客様像とすること、そして将来のお客様像を「1人にまで絞ること」**です。

「お客様を選り好みするなんて……」と思うかもしれません。でも「来る者拒まず」のお客様至上主義では、好ましくないお客様が来る、クレーム対応に追われるなど、せっかく自分で始めたビジネスがストレスに埋め尽くされかねません。

好きな人をお客様にしたほうが、気分的にもビジネス的にもうまくいきます。お互い気持ちのいいビジネスをしていくためにも、「友だちになれそうな人」をお客様とする。付き合う人を選ぶように、お客様のことも選り好みしていいのです。

そのうえで、想定されるお客様像を1人にまで絞る。自分のコアなファンとなり、商品を買ってくれるのはどういう人か。「私のお客様は、こういう人」と特定できるくらいにまで明確に設定していきます。

これは、実際にたった1人のお客様しか受け付けないということではありません。

いくら絞り込んだつもりでも、まだまだ当てはまる人は大勢いるものです。いっそ1人にまで絞り込んで、ようやく、ちょうどいいくらいの数のコアなファンができると考えてください。

■ ペルソナを設定するワーク

「あなたの将来のお客様は、どんな人ですか？」
「その人とは友だちになれそうですか？」

性別、年齢、既婚か独身か、パートナーの有無、趣味、ライフスタイル、考え方、今現在の悩み、将来の不安、好きなこと（読んでいる雑誌や欠かさずに見るテレビ番組や動画）、愛読書、休日の過ごし方など、できる限り具体的に書き出してください。

〈NG例〉

20〜30代の女性／お金持ちになりたい男性／成功したい人／結婚したい人

〈GOOD例〉

31歳、大手企業勤務の女性。未婚。アプリで出逢った人と交際5カ月目。趣味は休日に2人で行くキャンプ。好きな雑誌は「Oggi」。お笑い芸人のYouTubeを見るのが好き。

副業を始めてみたいと考えているが、まわりにそういう人がいないので、「自分にできるのか？」と思っている。職場では評価されていて、人当たりもよく行動力がある。フリーランスとしてチャレンジすることに興味はもっているが、何から始めていいかわからない。

幼少期は自由奔放でワクワクすることが好きだったはずだが、よくも悪くも今は組織に馴染みすぎて、年々保守的になっている自分を感じている。本当にやりたいことが何かわからない。

では、あなたのペルソナを書き出してみましょう。

❖ペルソナを設定するワーク（回答欄）

「私の将来のお客様像は……

お客様に「よりよい未来」を差し上げる

■ お客様は「商品」ではなく「未来」が欲しい

ここまでのワークで、オンリーワンのビジネスに必要な3つの要素のうち、情熱の源泉とペルソナがそろいました。残るはあと1つ、「ベネフィット」です。

ベネフィットとは「利益」ですが、もっと具体的にいうと、**「その商品を買ってもらうことで、お客様にどんな未来をプレゼントできるか」**ということです。

つまり、ベネフィットとは商品の性能とか機能、美しさそのものではありません。その商品を買ったお客様が、どんな気分になるのか、あるいはどんな変化を実感するのかという「よりよい未来像」なのです。

ベネフィットをしっかり定めておくと、購買につながる効果的な発信もできるようになります。商品を売る以上、どんな商品なのかを説明することは必要ですが、ベネフィットを示さずにビジネスを成功させるのは難しいでしょう。

お客様は「商品そのもの」を欲しがっているのではなく、「その商品を買うことで得られる未来」を欲しがっているのです。ベネフィットがしっかり謳われている商品はお客様の心に響き、購買にもつながりやすいというわけです。

通販番組などで、たとえば「このカメラの画素数は6100万画素。オートフォーカスで〜」といったスペックの説明を詳しくされても、カメラの素人には、イマイチそのよさが伝わりません。

「このカメラ1台あれば、かわいい盛りのお孫さんの姿を、一瞬たりとも逃さずに捉えることができます」といわれたほうが、買う気になるものです。そのカメラを買ったら、どんな「いい未来」が待っているのかが明確だからです。

「お孫さん」と明言していることからも、この通販番組のペルソナは「孫のいる高齢者」であることがわかります。

では、そのペルソナに当てはまる人たちに、どんなベネフィットを差し上げられるのか。それを明らかにしたものが、「かわいい盛りのお孫さんの姿を、一瞬たりとも逃さずに捉えることができます」という宣伝文句なのです。

■ ベネフィットを定めるワーク

難しいように思えるかもしれませんが、もう土台はできているはずです。

2つのワークで、情熱の源泉を探り、ペルソナを設定しました。今度は、あなたの情熱の源泉を使って、あなたのペルソナのためだけに商品をつくるとしたら、どんなものがいいかを考えてみましょう。

自分の才能、資質、強みを使って、ペルソナに当てはまる人たちに何を売ったらいいでしょうか。その人たちに自分は、どんな未来をプレゼントできるでしょうか。

❖ベネフィットを定めるワーク(回答欄)

「私がお客様に提供できるベネフィットは……

また、1人で起業・副業する場合は、自分という人間が商品のようなものです。自分自身が商材のよさを体現する存在なので、多くは、**「自分の暮らしぶり」を日々、発信することがベネフィットの提示として機能してきます。**

では、お客様の未来像として、どんな自分の姿を見せたらいいのでしょうか。

商品を売りたいあまり、商品の説明に終始してしまう。そんな失敗に陥らないように、ここでお客様にどんな未来像を見せたらいいのか、ベネフィットをしっかり考えておいてください。

「オンリーワンビジネス」を成功者から学ぼう

オンリーワンビジネスを構築するためのワークは、いかがでしたか。

より具体的にイメージできるように、ここで私の起業セミナーの受講生の例を、いくつか紹介しておきましょう。みな同様に3つのワークを経てビジネスを構築し、現在も一定の収入を得ながら精力的に活動しています。

以下の番号は49頁の問いに対応しています。

■【ケース1】プライベートサロン経営（32歳・女性）

〈情熱の源泉を見つけるワーク〉

1 今までで一番つらかった、切なかった経験は何ですか？

・留学時代、言葉が通じなくてもホストファミリーとはハグやボディタッチを通して深いコミュニケーションができた。
・帰国後から、大切な実母にはハグができない自分に気づく。
・ほめられたいから親のいうことを聞くタイプ。いい子ちゃんで自分の本音が話せない、甘えきれないという想いを幼心にもっていた。

2 悩みながらも乗り越えたことは何ですか?
・幼いころから親に甘えきれなかったという想いをかかえながらも、母親へのリフレクソロジーを通して、普段話せないようなことまで話せる親子関係になっていった。

浮かび上がってきた情熱の源泉をビジネスの視点でまとめると、次のようになります。
・マッサージを通して、大切な人にもっと触れる口実が欲しいと思うようになった。
・触れるだけで伝わる安心感を実感し、まわりを信頼することで、よい人間関係を築いてほしいと思うようになった。

〈ペルソナを設定するワーク〉

「私のペルソナは……母親に感謝しているけど恥ずかしくて想いをいえない娘。お互いに恥ずかしがり屋で、本音をいい合えない母娘」

〈ベネフィットを定めるワーク〉

「私がお客様に提供できるベネフィットは……親子関係がよくなる。以前よりつながりを感じられる。ボディセラピーを通じて根源的な安心を感じられるようになり、まわりの人を信頼でき、よい人間関係を築けるようになる」

〈オンリーワンビジネス〉

「大切な人に感謝を伝えるボディセラピーレッスン」（母の日向け）と、手のひらから愛が伝わるボディケアレッスン（パートナー向け）。

当初は母娘向けだけだったが、パートナーへのセラピーを学びたいという声を多く受けて、後者を追加。

基本コンセプトは、根強くある『面倒くさい、疲れる』セラピーのイメージを『ラクに、楽しく』毎日に取り入れられるセラピーに」

■【ケース2】ブログの文章アドバイザー（25歳・ＯＬ）

〈情熱の源泉を見つけるワーク〉

4 人から相談を受けて、熱く答えてしまうことは何ですか？

・女性ならではのダイエットや生理などの悩み。

・キャリアや恋愛の悩み相談、旅行のプランニング、おすすめのフォトスポットなど。

・使ってよかったコスメや、試してみてよかったアプリなど。

5 人からよくお願いされることは何ですか？

・悩み相談。

・話をただただ聞いてあげること。

8 できない人を見てイライラしてしまうことは何ですか？

・飲み会、職場、部活で、自分のことばかり話して人の話を聞かない人。
・一方的に過去の自慢話をしてくる会社のおじさんたち。

9 自分にとってパワーチャージになるのは、どんな時間ですか？
・友人や大切な人と食事をしながらおしゃべりする時間。

12 職場や友人、サークルなどのなかでは、どんな役割です（でした）か？
・聞き役が多い。
・あの手この手で質問を投げて話を引き出している。

〈ペルソナを設定するワーク〉

「私のペルソナは……伝えたいことがあるのに、ブログで自分の想いがうまく書けているか不安に感じていたり、読者から反応がない、アクセス数が伸びないと感じている」

〈ベネフィットを定めるワーク〉

「私がお客様に提供できるベネフィットは……ブログの書き方だけでなく、伝えたいメッセージや過去の経験を聞いていると一緒に思考の整理もするので、１人で考えるより客観的に伝えたい想いの核の部分を明確にできる。読者から反応がもらえるようなブログを書くことができるようになる。読まれるタイトルを自分でつけられるようになる」

〈オンリーワンビジネス〉

「私らしさを引き出して想いを伝えるブログレッスン。『人からよくお願いされること』（話や悩みを聞く）×『できること、ニーズがありそうなこと』（文章を書くことを教える）＝『思考や伝えたい想いを引き出して整理したうえで、届けたい人に想いを届けるブログの書き方を伝えるサービス』を設計」

■【ケース3】オーダージュエリーの製作（39歳・主婦）

〈情熱の源泉を見つけるワーク〉

8 できない人を見てイライラしてしまうことは何ですか？

・アクセサリーを探していて、好きなデザインがない！　なんでこれとこれじゃないの？　せっかくいい素材を使っているのに、この組み合わせはもったいない！　チープに見えてしまって着ける気にならない――そんなふうに感じることが多かった。

13 幼いころに夢中になっていたことは何ですか？

・おしゃれすること、ものづくりが好きだった。
・よくお母さんのきれいなイヤリングをもち出し、バレては怒られていた。
・小6のときに手芸にハマり、人形の服やポーチやティッシュケースをつくっていた。
・親から手芸道具一式取り上げられるくらい、夜も寝ずに夢中になっていた。

〈ペルソナを設定するワーク〉

「私のペルソナは……普段は買わないが、ブランドもののピアスに強く憧れている。オンでもオフでも（会社でもプライベートでも）着けられるデザインのもの、上品でシンプルだけど、オフィスカジュアルの服装に華やかさを加えるアクセントになるものが欲しいと思っている」

〈ベネフィットを定めるワーク〉

「私がお客様に提供できるベネフィットは……出かけるときに身に着けるだけで気分が高まる。ここにしかない自分だけのアクセサリーをもつことで、自分自身をより大切に感じられる。特別感あるものを身に着けることで自信がもてるようになる」

〈オンリーワンビジネス〉

「お客様の要望を聞いて、イメージに合う素材を組み合わせて提供するオーダーメイドアクセサリー」

なかなか「最初の一歩」を踏み出せない人へ

■「なんか違う？」と思ったら変えればいい

情熱の源泉、ペルソナ、ベネフィットがはっきりしてくると、「よし、これでやってみよう」というイメージが浮かび上がってくるはずです。

次は、いよいよビジネスを始動させる段階になりますが、一度定めた方向性をずっと守らなくてはならない、ということはありません。やってみないとわからないことも多いので、まず始めてみること。そのなかで「何か違う？」と思うことが生じたら、そのつど変えればいいのです。

たとえば、最初は商品を買ってもらえるだけでうれしくて、それに伴う雑務なども含めてすべて楽しめるものです。でも、お客様が増えるにつれて、雑務を負担と感じるようになるかもしれません。

仕事は楽しいけど、楽しめない部分もある。これはまったく不自然でも恥ずべきことでもありません。「これはやりたくないな」と思ったら、誰かに任せるなど手放してしまうのも大切な経営判断です。

また、続けているうちに、ビジネスとして選んだこと自体を楽しめなくなってくる場合もあります。

たとえば、1日に1件だったら楽しめるのに、「ずっと」や「たくさん」になると楽しくない。これこそが自分の強みだと思っていたけれど、続けてみたら何か違う、といったケースです。

これもまったく気に病む必要はありません。**自分が楽しくないのなら、楽しめるほうへと方向転換すればいいのです。自分の判断で何度でもやり直せるというのも、1人でビジネスを始めるよさです。**

■ 変化しても自分の価値は変わらない

「続けてみたら、部分的に楽しめないところが見えてきた」「仕事自体をそれほど楽しめなくなってきた」――実は両方とも、私自身が経験したことです。

私の主な収入源はセミナーなのですが、最初は、お申込みいただいたときの事務作業もすべて1人でやっていました。そのころは、申込数や入金状況、席の残数などをエクセル表で管理すること自体がビジネスの手応えであり、楽しかったのです。

でも、その感覚は早々に薄れていきました。

もちろん、お申込みいただくうれしさは変わりません。でも、事務作業がしだいに負担に感じられ、「この時間をコンテンツ磨きに使えたらいいのに」と思うようになったのです。

そこでアシスタントを置いて、事務作業を任せることにしました。

もう1つの「仕事自体をそれほど楽しめなくなってきた」理由は、ペルソナの設定が甘かったからです。

当初、私のビジネスは「アラサー女性にコーチングします」という感じでした。あまりにも大ざっぱすぎるというのは、ここまで読んだ人ならもうわかるでしょう。まさに、先ほどペルソナを設定するワークで示したNG例そのものです。

その方向性で少し続けてみたところ、私のサービスに申し込むアラサー女性の悩みは、大きく「仕事（キャリア）」「恋愛」の2つに分かれることに気づきました。

私は営業職でがんばってきたし、恋バナを聞くのも好き。だから両方ともできるつもりだったのですが、あるとき、「私には恋愛相談はあまり向いていないのかも」と思いいたりました。

というのも、恋愛は私にとって基本的に楽しいものであり、深い恋愛の悩みにさいなまれている人に、的確なコーチングができるかどうか疑わしくなってきたからです。

失恋の経験はありますが、たとえば妻子ある人を好きになってしまったとか、なぜかダメな男性ばかり好きになってしまう、恋をするたびに苦しいなどの深刻な悩みに、心理学などを学ぶ前の当時の私ではうまく答えられませんでした。

こうして私は「アラサー女性のためのコーチング」という方向性を見直す必要に迫られました。

恋愛相談を除くために、自分の強みを「仕事」に設定し直し、より厳密なペルソナ設定のもと、「ＯＬさんのための起業・副業支援」として再出発したのです。

でも、これで確定したわけではなく、年々、方向性は変化してきています。

直近だと、女性の起業・副業支援という基本路線はそのままに、「パートナーシップ」についても発信するようになりました。数年前に結婚して以来、ファンの方からパートナーシップに関するコメントや相談をいただくことが増えてきたからです。

コアなファンの方々はとても情報感度が高いので、あちらから「あやさんに、こういうことを聞いてみたい」と新たな方向性のヒントをいただくことも多いのです。

年月が過ぎるごとに、自分のライフステージは変わります。そしてライフステージが変われば、提供したいもの、提供できるもの、コアなファンから求められるものも変わって当然です。

そう考えれば、ビジネスの方向性が変わるのは、むしろ自然なことといえます。方向性を変えたからといって、今まで積み重ねてきたことが無駄になるわけではありません。あなたの価値が損なわれることもありません。

ですから、みなさんにも、ぜひ変化する可能性を恐れず、今、「これ」と思ったことでビジネスを始めてみてほしいと思います。

あなたが必要とされる「市場」は必ずある

■「上には上がいる」以上に「下には下がいる」

自分でビジネスを始めてみたいけれど、なかなか第一歩を踏み出せない……。

その理由の多くは、「こんなことがビジネスになるんだろうか」「こんなレベルではビジネスとして通用しないのではないか」「もっともっと知識やスキルを積み重ねなくては！」といった考えです。

もしかしたら、あなたも、こんなふうに自分を過小評価するあまり、スタートを切れないでいるのかもしれませんね。

過小評価といっても、本当は自分で思っている以上の知識やスキルがある、などといいたいわけではありません。この広い世の中には「今の自分が求められる場所」「今の自分で十分に通用する場所」があるということです。

あなたが、「こんなこと」「こんなレベル」と思っている、まさにそれを必要としている人がいるはずなのです。そういう人たちがいる市場こそが、あなたが輝ける居場所です。

上には上がいます。上を目指すのは素晴らしいことですが、だからといって今の自分に価値がないというのは大きな誤解です。

わかりやすいようにいえば、「上には上がいる」以上に、「下には下がいる」ものです。そして自分より「下」の人たちにとって、自分は学ぶべきところが多い「上」のほうの人物であるという、いってみれば当たり前の話なのです。

■ 世の中に仕事にならないスキルはない

たとえば、料理が大好きで、献立を考えるのも得意という人がいたとしましょう。

プロの料理人でもなければ、オリジナリティあふれる料理研究家でもない。「ごく普通の料理を当たり前につくってきただけ。そんな私が料理をビジネスにできるはずがない」と思うかもしれませんが、まったくそんなことはありません。

なぜなら、世の中には「料理ができるようになりたい」という初心者がたくさんいるからです。

そういう人たちが求めているのは、料理のプロの技でも独創的なレシピでもなく、「ごく普通の料理を上手につくるノウハウ」や「毎日、悩まずに献立を組み立てられるようになるコツ」です。

つまり、ここでは「料理が大好きで、献立を考えるのが得意」という自分の持ち味こそが生きるというわけです。

何事においても同じことがいえます。

今の自分の知識やスキルでも、十分にビジネスになると実感するために、「ココナラ」「ランサーズ」といったスキルシェアサービスのサイトを閲覧してみるのもいいかもしれません。

実際、世の中には本当にいろいろな仕事があります。なかには特別なスキルを必要としないように見えるものもあって、世の中に「仕事にならないこと」ってないんだなと思えてきます。

プロ級のスキルがないというのは、ビジネスを始められない理由にはなりません。

必要なのは、「今の自分の価値を誰に向けてアピールしていくのか」、そして「今の自分の知識やスキルがその人たちの役に立つということを、いかに発信していくか」なのです。

「今の自分は、どんな人の役に立つことができるだろうか」と、自分が提供するものを喜んでくれそうな人を探していくという感覚でビジネスを考えてみてください。

「こんなこと」「こんなレベル」などという過小評価が払拭され、自信をもってビジネスを始められるでしょう。

■未来のお客様候補に会いに行こう

最初の一歩を踏み出すために、自分のビジネスの対象になりそうな人々が集まるコミュニティに参加してみるのもおすすめです。

いきなり売り込んだりするのではなく、**同じ興味をもつ人たちとの「ゆるいつながり」をつくっておく**ということです。自分なら解決できそうな困り事をかかえている人たち、つまり**未来のお客様候補のなかに身を置いてみる**ということです。

SNSがこれだけ普及している今なら、コミュニティも見つけやすいはずです。まずはそのなかで「自分が何者であるのか」を知ってもらう。付き合いが深まるにつれて、メンバーの一部が最初のお客様になってくれるかもしれません。

モニターを募集するときなども、コミュニティベースなら、格段に人が集まりやすくなります。「すでに見知っている人のビジネス」という安心感が、「参加してみよう」という行動につながるからです。

私のオンラインサロンでは「スキルシェアスレッド」というものを設けています。そのスレッドに「私はこんなことが得意です」と書き込んで、シェア会などを開催すると、ほかのサロンメンバーさんから「個別にサービスを受けてみたい」とお声がかかり、サービスを出す前にモニター枠が満席となることもあります。

前にもお話ししたように、1人での起業・副業は「好きな人をお客様にする」ことが、うまくいく秘訣です。**気の合う人たちと、ゆるいつながりをもっておくと、ビジネス成功を後押ししてもらえる可能性が高いのです。**

また、ゆるいつながりの仲間に力をもらうこともあるでしょう。私も、会社を辞めて独立する前後は、女性起業家のコミュニティに参加していました。「実はこういったビジネスを始めたところで……」と話していたら、「じゃあ、こういうセミナーできる?」とお声がけいただいたり、ちょっと悩んでいたことをふと相談してみたら気軽にアドバイスをくれたり、「ブログ読んでるよ」「応援してるよ」などと勇気づけてもらったりと、ずいぶん助けられました。

ビジネスを始めたばかりで不安も迷いもあるなか、こういうゆるいつながりをもっておくことは、思いのほか心強いものです。

ビジネスは「コアなファン」と一緒に育てる

■コアなファンがビジネス成長のヒントをくれる

ビジネスは、まず軌道に乗せることが重要ですが、その後も同じことをずっと続けていくとは限りません。軸がブレさえしなければ、そのときどきのニーズによって自在に変えていいものです。

自分発信で新しい展開を思いつく場合もあるかもしれませんが、とくに本書でお伝えしているようなコアなファンを相手にするビジネスには、**お客様発信で新たなビジネスのヒントを得られる場合も多い**という特徴があります。

私の場合だと、活動初期のビジネスは、これからのキャリアに悩む女性の話を聞いて整理するというコーチングでした。

ところが、あるとき当時の継続生（コアなファン）から「大手企業で営業として活躍されていたあやさんの視点での発信やSNS集客の方法を学びたい」というリクエストが複数あり、それをきっかけに起業・副業支援としてビジネス講座を始めたという経緯があります。

私の知人や講座生にも、同様にコアなファンからの声をきっかけにビジネスが新たに展開したケースがしばしば見られます。知人や講座生の実例をいくつか紹介しておきましょう。

■ 整骨院が「ダイエットサポート」

日々、患者さんと接するなかで「体の痛みと同じくらい肥満に悩む患者さんが多いこと」「痛みの原因が肥満である患者さんも多いこと」に気づいたといいます。

そして「人の健康に携わる者として、そういう人たちに何もできないでいることは無責任だ」と感じ、ダイエットについても学ぶようになりました。

その後、治療の一環としてダイエットアドバイスをするうちに、「あそこの整骨院に行くとやせる」という口コミが広がり、より多くのニーズに応えるためにダイエットサポートをビジネス化しました。

今ではインスタグラムで、低カロリーのコンビニスイーツなど、ダイエット中でも罪悪感なく食べられるものや、選び方のコツを発信しています。

ダイエットというと、「糖質カットと筋トレ」といったストイックな手法もあるなかで、「極端に我慢しなくていい」「スイーツ欲も満たせる」というスタンスが、多くのフォロワーの獲得と支持につながっています。

■ ウェブデザイナーが「ホームページ作成講座」

当初はホームページ制作にWordPress（オープンソースのプロダクトソフト）を使っていたのですが、ある日、お客様から次のようなメールが届きました。

「従業員数が23人から24人になりましたので、会社概要の修正をお願いします。そこでひとつ相談なのですが、このメールを打っている時間があったら、自分でサクッと修正できたほうが早いのですが、そんな方法ってありませんか？」

こうした声を受けて以来、Ｗｉｘ（ＨＴＭＬなどＩＴスキルがなくても修正できる形式）でのホームページ制作を提供するようになりました。

さらに、「デザインや表現法重視であれば、なんでもできるWordPressを使うのがベスト。でも、お客様のニーズは必ずしもそこじゃない」ということにも気付かされ、初心者向けにゼロからホームページ制作を教える講座を始めました。

コアなファンとの密な信頼関係は、ビジネスの継続と発展のためにも欠かせません。**マス向けではないからこそ、コアなファンの声に真摯に耳を傾け、一緒に成長していくことができる。これも１人で起業や副業をする醍醐味なのです。**

3章

「あなたから買いたい！」と言われるようになろう

「誰が売っているか」でコアなファンが付く

■「憧れ」「親近感」「応援」の視点でブランディングする

「自分には、どんなビジネスができそうか」。それが見えたら次は、「世の中にどうプレゼンしていくか」を考える段階です。

「自分をどうプレゼンしたら、コアなファンが付きやすいのか」――その秘訣は大きく分けて2つ、「ブランディング」と「発信力」です。本章ではブランディングについて考えていきましょう。

ものがあふれている現代では、お客様が重視するのは「何を売っているのか」以上

に「どんな人が売っているのか」です。

「自分自身が商品」なんだという自覚をもって、自分をもっとも魅力的に伝え、共感を呼び起こす。そして「あなたから買いたい！」と思ってもらえるようにする。それがブランディングの目的です。

では、どのようなブランディングをすると、コアなファンを獲得しやすくなるのか。「憧れ」「親近感」「応援」という3つのタイプに分けて考えてみるといいでしょう。

① 憧れブランディング

あなたがもっている知識やスキルだけでなく、ライフスタイルや価値観なども含めて、ファンがあなたという人物に憧れるというブランディングです。

このブランディングを選んだ場合、**日々の発信で見せていくのは、ファンが「いつかはそうなりたい」と思う理想像です。**

どんな生活をしていて、どんなモノ・コトが好きで、何を考えているのか。豊かさや上質さ、かっこよさ、幸福感にあふれる「憧れの世界」を表現していきます。

②親近感ブランディング

憧れよりも、もっと自分を身近に感じてもらうというブランディングです。「ブランドロイヤリティ」という言葉はご存知でしょうか。これは、「あなたの商品やサービスを購入しつづけたい」と考えている忠実なお客様を指すビジネス用語です。質のいい商品やサービスを提供するほか、親近感をいだいてもらうことも、ブランドロイヤリティを高めるのに効果的です。

親近感ブランディングを選んだ場合、**日々の発信では自分の体験を具体的に提示する**ことで、ファンに対し「私もみなさんと同じ」「同じような体験をして今がある」と示していきます。

ファンから見たあなたを、「自分と同じような体験を通過して、自分より少し先を歩いている存在」「ちょっと手を伸ばせば届く存在」として表現していくということです。

③応援ブランディング

まだ完成されていない自分を包み隠さず見せることで、「応援したい」という気持ちを呼び起こすというブランディングです。

未熟な自分を見せたら、モノやサービスが売れなくなってしまうという不安があるかもしれませんが、そんなことはありません。

近年、盛んになっているクラウドファンディングでは、有名でも完璧でもない一般の人が、多額のお金を集めることに成功しています。

「こんなことをやりたいんです」「でも自分だけの力では無理そうなんです」「支援してください！」と**リアルに語ることで、相手は共感を覚え、お金を出したくなる。**クラウドファンディングは、応援ブランディングの究極の形といってもいいかもしれません。

オンラインサロンでも、今は芸能人など知名度の高い人より、はるかに多くの集客に成功している一般の方もいます。これも、「その一部となって協力することで、一緒に向上していきたい」、つまり応援の気持ちの現れでしょう。

人は、がんばっている人を見ると、共感し、応援したくなるものなのです。

ましてや、自分と同じような葛藤をかかえた人であればなおのこと、その葛藤に打ち勝とうとしているストーリーに共感し、この先どんな未来に進んでいくのか興味をいだきます。

こうした共感、興味が応援という行動につながるというわけです。

したがって、このブランディングを選んだ場合、**日々の発信では自分のビジョンやチャレンジ精神を示していきます。**

「自分はどこに向かおうとしているのか」

「何を成し遂げようとしているのか」

「日々どんなことを考え、感じながら前進しているのか」

自分の想いや日々の出来事を、1つひとつ言葉で表現していきます。

葛藤をかかえながらも前進している自分のリアルな姿を見せることで、読んでいる人たちに、「この人のいうことなら信用できる」「なんだか他人事とは思えない。応援したい！」と感じさせ、仲間になってもらうイメージです。

■ブランディングのタイプで自分の見せ方を変える

すでに理解されていると思いますが、ブランディングのタイプによって自分の見せ方は異なります。

・憧れブランディングでは、読んだ人の「憧れの感情」を喚起するように。
・親近感ブランディングでは、読んだ人の「親近感」を喚起するように。
・応援ブランディングでは、読んだ人の「応援の気持ち」を喚起するように。

日々の発信では、このように、すべての投稿が自分のブランディングに紐付けられるように意識していきましょう。

さて、みなさんはいかがでしょうか。

・ファンが憧れるようなブランディングなのか。

・ファンに親近感をいだかれるようなブランディングなのか。
・ファンから応援されるようなブランディングなのか。
自分のよさが一番引き出されるのは、どのタイプなのか考えてみてください。


起業初期は「応援ブランディング」が一番イメージしやすいかもしれませんが、最初から「憧れブランディング」を選ぶ人もいます。

たとえば、洋服やアクセサリーを「どこで買ったの？」とよく聞かれる人や、人によく真似される人、学生時代に、いわゆる「女子にモテる女子」「男子にモテる男子」だった人は、もともと「人に憧れられる素養」みたいなものがあると考えられます。

そういう人は、憧れブランディングのほうが成功しやすいかもしれません。

■ブランディングは変えてもミックスしてもいい

最初は応援ブランディングだったけれど、ビジネスが成功するにつれて、「がんばる自分の姿」よりも、ファンが「いつかはなりたい」と思う理想像を表現するほうが合っている気がしてくる場合もあるでしょう。

それは、あなたのビジネスのステージが変わったということですから、**さらなる発展に向けてブランディングごと変えたほうがいいのです。**

もちろん、ずっと応援ブランディングのまま発展していくケースもあります。ブランディングの違いは、あくまでも売り方、見せ方の違いであり、グレードの違いではありません。

また、なかには、すてきなライフスタイルを見せつつ（憧れブランディング）、家庭などでの飾らない自分も見せる（親近感ブランディング）というように、**2つのブランディングをかけ合わせている人もいます。**

「1つに決めなくてはいけない」「1つを選んだら、ずっとその方向性を守らなくてはいけない」などと思いつめず、自由に考えてみてください。

相手の興味を引く「肩書」のつくり方

■ 2つの条件をクリアすれば名乗ったもん勝ち

少しずつ濃いファンができて認知度が高まってくると、しだいに「自分の名前」で仕事ができるようになっていきます。ただ**最初のうちは、自分をひと言でわかりやすく表現した「肩書」があると、届けたい人に届きやすくなる**でしょう。

自分について知ってもらうには、日々の発信を読んでもらったり、話を聞いてもらったりするのが一番です。

でも、まず入り口のところで「何をしている人なのか」がわからないと、相手は、それ以上、あなたについて知りたいかどうかの判断がつきません。

そして判断がつかないものは「とりあえず読んでみる」よりも、「スルーする」ほうが圧倒的に多いのです。

初対面で会った人などに対しても、いきなり長々とビジネスについて説明するよりは、まず肩書を名乗ってしまったほうが、話は伝わりやすいでしょう。

街中でお店に入るとき、まずは看板を確認するはずです。肩書は、まさに自分の看板です。お店の看板に心惹かれた人が入店するように、肩書に心惹かれた人が、あなたについてより深く知ろうとしてくれるというわけです。

では、ここで自分の肩書を考えてみましょう。いい肩書の条件は次の2つです。

① わかりやすいこと

肩書の役割は、あなたをひと言で表現することです。漢字でもカタカナでもいいのですが、肩書を見た人が、あなたについて瞬時にイメージできるようでなければなりません。

② 「等身大」であること

壮大すぎる肩書をつけると、等身大の自分とのギャップに苦しむことになりかねません。肩書をつけるのは、自分を大きく見せるためではなく、「自分の大きさをわかりやすく伝えるため」と考えてください。

この2点さえ外さなければ、**肩書は「名乗ったもん勝ち」であり、「何でもいい」**のです。自分の感覚でしっくりくるもの、「人から、こう呼ばれたらうれしいな」と思うものが正解です。

ここでパッと思い浮かんだ人は、まずは、その肩書でビジネスを始めてみてください。何事もやってみないとわからないというのは、肩書でも同じです。もし違和感が生じたら、そのタイミングで肩書を変えてもまったく問題ありません。

■「ビジネスのキーワード＋一般的な肩書」で考える

肩書はなんでもいいといわれても思いつかない人は、「自分のビジネスのキーワード＋一般的な肩書」と考えると思い浮かびやすいでしょう。

❖相手の興味を引く肩書きの考え方

〈自分のビジネスのキーワード〉		〈一般的な肩書〉
バストアップ	＋	コンシェルジュ
ゆる軽ボディ	＋	セラピスト
愛されマインド構築	＋	コンサルタント
世界観リメイク	＋	プロデューサー
次世代ＯＬ育成	＋	講師
靴選び	＋	アドバイザー
親子関係	＋	カウンセラー
産後ダイエット	＋	コーチ

上の表の具体例も参考にして考えてみてください。

いかがでしょう。なんとなくイメージできるのではないでしょうか。

まず、自分のビジネスの内容をひと言で表す言葉を練り、それができたら一般的な肩書から自分の感覚に合うものを選びます。これは本当に自分の感覚第一でいいのですが、たとえば、

・心理的アプローチに重点を置いているのなら「カウンセラー」

・比較的気軽に助言を与える感じならば「アドバイザー」

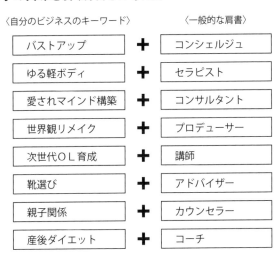

・相手の能力を引き出しつつゴールまで引っ張っていくのなら「コーチ」
・問題解決に向けたプランを立てるのなら「コンサルタント」
・ある程度の人数の前に立って知識やスキルを教えるのなら「講師」

といった具合です。

語感的にしっくりくるか、という点も含めて考えてみましょう。

一般的な肩書は、ここに挙げた以外にもたくさんあるので、街中の広告や書店などで肩書のサンプルを収集するのもおすすめです。

肩書は自分の看板ですから、何より大事なのは「自分自身が気持ちよく名乗れること」です。

「私は〇〇です」と名乗るたびに気分がいい、情熱の源泉を思い出して熱くなれる、背筋が伸びる気がする、ワクワクする、自信がもてる……などなど、思わず名乗りたくなる肩書を見つけてください。

何よりも大切なのは「自分の価値」の発信

■ あなたの「価値」を伝えていく

ひとたびビジネスを始めたら、その瞬間から、すべての発信は「趣味の発信」「なんとなく出来事をシェアする発信」ではなく、「ビジネスのための発信」になります。

そして、**あなたの価値を発信する**ことなのです。

自分が提供しようとしているモノやサービス、さらには自分という人間について、日々の発信で表現し、読んでいる人たちに、あなたの価値を伝えていくということです。

決して商品のメリットを紹介して売り込む、ということではありません。

現代のようにモノがあふれている世の中では、人は「何を売っているのか」以上に「どんな人が売っているのか」で選びます。あなたという人物が日々、どのように暮らしているのか、ということも含めて「価値の発信」なのです。

そういう意味では、**「商品の売り込みは二の次」**と考えてください。**あなたという人を豊かに表現し、あなたの価値の発信が届けば、しいて売り込まなくても「あなたから買いたい！」というように、状況は動いていくでしょう。**

自分の生活を見せるという点では、今までの「趣味の発信」や「なんとなく出来事をシェアする発信」と変わらないように思えるかもしれません。だからこそ、「これはビジネスのための発信なのだ」という自覚が必要です。

たとえば、「今日は会社員時代の後輩と、久々にランチしてきました」という内容を発信するとします。

すてきなランチの写真に、「今日は会社員時代の後輩と久々にランチしてきました。久々にいろいろ話せてうれしかった！」というようなキャプション。

これでは、きっと読んだ人の大半は「ふーん、そうなんだ」と思うだけです。好意的に受け取っても「後輩と仲がいいんだな」と思うくらいでしょう。コアなファンどころか、フォロワーになってもらうことすら期待できません。

しかし、「今日は会社員時代の後輩と久々にランチしてきました」という導入のあとに、たとえば、その後輩に仕事の相談をされたという在職中の話を簡単に紹介する。そして、「そんな彼女が、今は立派に仕事をこなしている。月日が流れるのって速いなと思うと同時に、元先輩としてちょっと誇らしい気持ちになったのでした」という感じで締めくくる。

こうなると、読んだ人が受ける印象はだいぶ違ってきます。きっと「親身になって相談に乗ってくれる人なんだな」「後輩から頼られ、慕われるような人なんだな」と受け止めてもらえるでしょう。

ビジネスのための発信であるという自覚があれば、出来事を伝えるだけでなく、自然と、あなたが「どんな人なのか」を豊かに伝えることができるのです。

■ この人に投資したら、どんないいことがあるか

あなたの価値の発信の目的は、読む人にそれとなく「ベネフィットを感じてもらう」ことです。

たとえば、「親身になって相談に乗ってくれる人なんだな」という印象をいだいた人は、今度はその後輩に自分自身を投影し、「この人に相談したら、親身に応えてもらえるんだ」という信頼感をあなたに対していだきます。

セミナー講師やカウンセラーなど、人の課題に指針を示したり相談に応えたりするビジネスならば、**この信頼感がコアなファンを獲得する要因となります。**

たとえば、セミナーから個人セッションへというように、次の商品の購買へと導かれる。こうした移行がスムーズに流れるように上手に発信することが、ビジネスの成功につながるのです。

発信内容は、あなたの仕事ぶり、お客様との関わり合い方――「この人の商品を買ったら、どうなるのだろう？」「どんないいことがあるのだろう？」というベネフィットを示すものである、というのが重要なポイントです。

そして、**コアなファンがついて商品が売れるようになったら、もちろん、あなたの商品を体験した人たちが、どんな「よりよい未来」を手に入れたのか、実際の感想や変化の様子を紹介することが、強力なベネフィットの提示になる**でしょう。

未来のお客様候補が、先に体験した人たちに自分自身を投影させ、「自分もそうなりたい」と思って購買する、という流れをつくることができます。

ファンづくりは「2段構え」で考える

■ フォロワーからコアなファンになってもらう

「価値の発信」を成功させ、実際の売上につなげていくには、ファンづくりを2段構えで考えます。

1段目は、「認知」です。これは、キャッチーな文言や写真を入れることで、まず一定数の人に「あ、この人いいな」と認めてもらうという段階。あくまでもパッと見で好印象をいだき、フォローしてくれる人をつくります。

2段目が「コアなファン化」です。1段目でつくったフォロワーが、ただのファンからコアなファンへと変化していく段階です。

「あ、この人いいな」という第一印象をいだいたフォロワーのうち、何割かが「この人はどんな活動をしているのだろう？」と興味をいだき、ほかの発信媒体もチェックしはじめる。そのなかで想いやビジョンに共感するなど、あなたという人物に惹かれていく。そして「この人から買いたい！」と思うコアなファンになっていきます。

たとえば、最初はたまたまインスタグラムで目にしてフォローしただけだったものが、眺めているうちに興味が深まり、ブログなども読むようになる。そして憧れ、親近感が湧き、応援の気持ちから商品を買うようになるという感じです。

2段目は1段目がなくては成り立ちません。むやみにフォロワーを増やそうとする必要はないのですが、SNSの世界で認知されるために、一定数のフォロワーをつくることは大切です。

かといって一定数のフォロワーがついたらもう安心、放っておいてもコアなファンができるという話ではありません。フォロワーからコアなファンへスムーズに移行するように発信することが、とても重要です。

有名なのに集客がうまくいかないケースというのは、おそらく1段目で止まっているからでしょう。

一定数の人に「いいな」と思われても、そのうち何割かの人に「この人から買いたい！」と思われる段階までは進んでいない。フォロワーからコアなファン化への移行がうまくなされていないのです。

■ 拡散型・資産型・コミュニケーション型メディアを使い分ける

では、どうしたら、まず1段目、そして2段目へという流れを促すことができるでしょうか。それには**「認知（一定数のフォロワーをつくる）に適した発信媒体」と「コアなファン化に適した発信媒体」を併用する**のがおすすめです。

インスタグラム、ツイッター、フェイスブック、YouTube、ブログ……。ネット上で発信できる媒体はさまざまですが、これらは大きく「拡散型メディア」「資産型メディア」「コミュニケーション型メディア」に分けられます。

インスタグラムやツイッターは「拡散型メディア」。1投稿ごとのボリュームは軽めで拡散力があり、一定数のフォロワーをつくる認知段階に適しています。

❖メディアの種類と特徴

メディアのタイプ	拡散型	資産型	コミュニケーション型
メディアの代表例	インスタグラム ツイッター	ブログ YouTube	メルマガ 公式LINE
発信に適した情報内容	拡散力の高いテーマ	深い内容	タイムリーな情報
発信の頻度	ほぼ毎日	定期的	随時
情報活用の特徴	フォロワー数を早期に確保する	蓄積されたアーカイブにアクセスできる	発信者とフォロワーの距離を縮める
発信者への期待	低 商品を知りたい	中	高 発信者を知りたい
ターゲットのレベル	フォロワー	ただのファンとコアなファン	コアなファン
ターゲット向きの商品	低額商品	低額商品から高額商品への移行	高額商品

ブログやYouTubeは「資産型メディア」。より深い内容の発信に向いていて、蓄積されたアーカイブにアクセスすることもできるため、コアなファン化の段階に適しています。拡散型メディアで追いかけるだけでは物足りなくなったフォロワーが、より多くの情報を求めてブログやYouTubeに到達するという流れです。

メルマガや公式LINEは「コミュニケーション型メディア」。これは、タイムリーな情報を随時届けるなど、フォロワーとのコミュニケーションを深めるなかで、あなたのことをもっと深く知ってもらったり、高額商品のよさを伝えたりすることに向いています。

資産型メディアとコミュニケーション型メディアを併用すると、2段目への流れを効果的に促すことができるでしょう。

というわけで、拡散型メディア、資産型メディア、コミュニケーション型メディアから1つずつ選んで発信していくと、「まず一定数に認知され」(フォロワーされ)、「コアなファン化を促す」という2段構えの流れをつくりやすくなります。

■ 投稿する写真の1枚1枚にこだわる

あなたの投稿と写真をふとしたきっかけで見た人を、「あ、この人いいな」と惹きつけるには、やはり「見た目がいい」という条件は外せません。

見た目というのは容姿のよしあしではなく、エレガントな感じ、洗練された感じ、親しみやすい感じ、かっこいい感じ……といった雰囲気の話です。どんな雰囲気にするのかは、自分の商品やサービス、ブランディングによって違いますが、どんな人たちに見てほしいのかが重要です。

いずれにしても、**「見た目重視」で発信していくことが、コアなファンの獲得につながっていきます。**

たとえば、エレガントな雰囲気を出したいのに、背景に生活感を感じさせるものが写り込んでいたら、見た人は「エレガントな人だな」とは思いません。

投稿する写真の1枚1枚にこだわり、すみずみにまで気を配るというのは、しっかり意識していないと意外と抜け落ちてしまうものです。服装やメイク、髪や肌の色ツヤにまで気を配りたいところです。

ファッションに自信がない人は、パーソナルスタイリストをつけるのもひとつの方法です。女性の場合は、プロのメイクアップアーティストにちょっとコツを教わるだけでも、見た目の印象は格段に変わるでしょう。

男性の場合も、見た目に無頓着では成功を遠ざけてしまうでしょう。

あなたの人柄などもすべて引っくるめて知っている人と、直に接する分には問題にならなくても、SNSでは違います。まず目に入る見た目で敬遠され、フォロワーもファンもつかないということになりかねません。

あなたの内側に眠る価値の発信をしていくためにも、まず見た目に気を配ること。プロに教えてもらうのは、多少お金はかかりますが、教わったことがずっと生きると思えば、決して高い出費ではないはずです。

「人は見た目じゃない」なんて思っていたかもしれません。見た目を磨こうとすることに、ある種の後ろめたさを感じていませんか？「まだ中身が伴っていないのに」とか「まず実力をつけるほうが先！」とか。

実は私もそうでした。でも、見た目は肩書と同じ、自分の「看板」です。決して、おろそかにしていいものではありません。

あなたの内なる情熱や想い、信念、使命感、さらには商品のよさは、まず見た目に惹かれてやってきた人たちに、これからじっくり伝えていけばいいのです。

見た目を磨くのはビジネスの成功のため。そこでかかるお金は必要経費。そう思って楽しく自分を磨き、思い切り「見た目重視」の発信をしていきましょう。

資産型メディアで「コアなファン」化を促す

■ ちょっとしたお役立ち情報に想いを乗せる

「あなたから買いたい！」というのは、お客様からの「支持表明」です。

つまり、ビジネスの成功は、どれだけファンに支持されるかにかかっている。だから支持を集めるには、しっかりと自分を表現する。ビジネスにかける熱い想いを言葉にして伝えることです。

でも、いきなり「私のビジョンとは……」などと書いても、おそらく誰も興味をもってくれません。**「見た目重視の発信」と同様に、キャッチーな入り口が必要です。**

そのためには、ちょっとしたお役立ち情報を提供するというのがおすすめです。

起業コンサルタントである私の場合だと、「ブログのアクセス数を上げる3つのコツ」「起業初期に陥りがちなワナ」「稼げる人は○○力が高い」といった具合です。

あなたのブログに辿り着いたということは、その人たちは、あなたの看板に謳われていることに、少なくとも関心を寄せているはずです。

とはいえ、まだコアなファンではないので、その人たちは「役立つ情報」が欲しくて見にきていると考えられます。

私の場合でいうと、「起業コンサルタント」という看板に惹かれてきた人は、「起業」に興味があって、起業に関するお役立ち情報を求めている、ということです。

だから、その欲求に応えてあげる。その人たちが、「へえ、そうなんだ。いいこと聞いた」と思うような情報を提供すればいいのです。

本当に重要なのは、ここからです。

お役立ち情報を提供するといいましたが、それだけだと、単なる「お役立ち情報ブログ」になってしまいます。端的にいえば、あなたのブログをフォローしなくても、類似情報をまとめたキュレーションサイトで事足りてしまうでしょう。

そこでファンづくりの2段目「コアなファン化」へともっていくために、ただ**教科書的に情報を発信するのではなく、「自分の想い」を乗せる**のです。

先ほど挙げた私の例のうち、「ブログのアクセス数を上げる3つのコツ」だったら、その3つのコツを紹介したあとに、

「私自身、なんの才能もない普通の会社員って思っていたけれど、今はこうしていろいろな人とつながることができて、幸せな人生を歩んでいます。だから、かつての私と同じ想いの人がいたら、全力で応援したいと思っているのです」

といった文章を続けるということです。

・自分は、なぜ、その情報をブログで伝えているのか。

・誰にどうなってほしいと思って、その情報を伝えることに時間を割いたのか。

もっといえば、

・なぜ自分は、そのビジネスを始めたのか。

・そのビジネスを通じて人々、ひいては社会にどうコミットしたいのか。

こうした**「自分側の動機」をチラ見せすることが、投稿を単なる情報サイト以上のものへと昇華させることになります。**

今は壮大に思えるかもしれませんが、ビジネスを構築する過程で、想いは自然とあふれてくるものです。**あとは、その想いを言葉にするだけ。想いを上手に言葉にできるようになるには訓練あるのみです。**

もとから書くのが得意な人もいれば、苦手な人もいるでしょう。でも、書くことに苦手意識があるからといって、最初から諦めないでください。

熱い想いさえあれば、5本、10本、50本と書いていくうちに、だんだんうまく表現できるようになるはずです。

■コツコツ続けていくと「資産」が蓄積される

ツイッターの投稿は次から次へと流れていってしまいますが、ブログやYouTubeでは、過去記事や過去動画がどんどん蓄積されていきます。**あなたに関心をもった人が、過去にアップされたものを参照することもできます。これが、ブログを「資産型メディア」と呼ぶ理由です。**

書き溜めたブログ、撮り溜めた動画は、あなたの情報や熱い想いが詰まった「分厚い名刺」であり、いつでも立ち返れる「ネタ帳」のようなもの。1つアップするごとに、信頼の担保が蓄積されるようなものです。まさに「資産」です。

ビジネスを始めた当初は、まだ自分は世間的には何者でもありません。会社を辞めて起業した場合はなおのこと、「ただの一個人」になってしまったことに不安を感じるかもしれません。

また、慣れてしまえばたいしたことはないのですが、まとまった文章を書くには、それなりの時間と労力がかかります。慣れるまでは大変というのは、動画制作も同様です。

そのため、資産型メディアでの発信を始めたばかりの人にとっては、「続けること」が最初のハードルとなりがちです。最初のうちはフォロワーからのリアクションが少ないことが、輪をかけてモチベーションダウンにつながることもあります。

こんなふうに、起業初期に起こりがちな「何者でもない不安」「続けるモチベーションの低下」に襲われそうになったら、ぜひ、今お話ししたことを思い出してください。

資産型メディアで発信を続けることとは、自分だけの「資産」を蓄積するということです。私自身、過去の自分の記事に元気づけられたり、初心に立ち返らせてもらったりすることもしょっちゅうです。

今日書くブログ、今日アップする動画は、フォロワーの「コアなファン化」を促すものであると同時に、未来の自分へのプレゼントなのです。

成功者の「見せ方」「売り方」を真似る

■成功者はみな「真似」から始めてきた

情熱の源泉はどこにあるか、ペルソナはどんな人か、ベネフィットは何か。そしてブランディングはどうするか。

今までは、どちらかというと自分との対話が多かったと思いますが、いざビジネスを始めるとなったら、周囲に目を向けてみることも重要になってきます。

おそらく世の中にまったく存在しないサービスはありません。これからビジネスを始めて成功するとしたら、それは「今までになかったサービスを提供するから」では

なく、「情熱の源泉×ペルソナ×ベネフィットの掛け合わせが新しいから」であり、「見せ方や売り方が上手だから」なのです。

すでに起業や副業で大きな成功を収めている人はたくさんいます。お手本にはまったく事欠きません。これからは、**自分の先を行く人たちを積極的に参考にして、見せ方や売り方など真似できるところはどんどん取り入れていってください。**

真似というと悪いことのように思えるかもしれませんが、本当にゼロからイチを生み出している人はきわめて稀です。今、大きく成功している人たちも、みんな最初は誰かの真似から始めているのです。

そうなると誰かの二番煎じになってしまい、オリジナリティが失われてしまうと思いましたか？　決して、そんなことはありません。

自分という人間はこの世に1人だけです。その唯一無二の自分が、情熱の源泉、ペルソナ、ベネフィットを掛け合わせ、オンリーワンビジネスを構築しようとしているわけです。ならば、見せ方や売り方の点で誰かの真似をしようとも、すでにオリジナリティはあると考えていいでしょう。

もちろん、人の教材を当人の許可なくコピペするなど、著作権などの知的所有権に抵触するような行為はいけませんが、唯一無二の自分というフィルターを通して「やり方」を真似るのは問題ありません。

たとえば、セミナー業を始めるのなら、その道で成功している人たちは、どれくらいの料金設定にしているのか？　募集人数はどれくらいか？　オンラインかリアルか？　リアルならばどういう場所を会場に選んでいるのか？　など。

このように、成功している人のサービス体系などをモデリングして取り入れるのは、実は普通のことなのです。

真似をすることに抵抗がある人は、もしかしたら、真似をされることに拒否感があるのかもしれません。自分がされて嫌なことは、人にもしたくないという心理です。

では、こう考えてみてはどうでしょう。

そもそも、なぜ人は誰かの真似をするのか。もちろん、その誰かのようになりたいからです。つまり真似をされるというのは、「真似されるくらい成功している」ということなのです。

だから、いっそ真似されるくらいになれたら素晴らしい。こう考えれば、まず真似されることへの拒否感が解消され、真似することへの抵抗もなくなるでしょう。

■ マーケットインで始め、見せ方・売り方は真似る

ビジネスには、「マーケットイン」と「プロダクトアウト」という2つの考え方があります。ざっくり違いを説明すると、次のようになります。

・マーケットイン――すでにある市場を自分のビジネスに引き込むこと
・プロダクトアウト――まだ存在しない価値を送り出し、市場をつくること

当たれば大きいのはプロダクトアウトのほうです。まだ存在しない価値を創出できたら、競争相手は誰もいなくて、いわゆる「一人勝ち」状態になれます。ただし、個

人で試みるのはかなり難しいでしょう。

まだ存在しない価値を市場に送り出して成功するには、人々の潜在ニーズを掘り起こさなくてはいけません。

そのためには、たしかなスキルはもちろん、何が売れるのかを見抜く眼力や、長期的に商品を設計し、試行錯誤できるだけの資金力なども必要になるからです。

1人でビジネスをしていくのなら、すでにある市場を想定したマーケットインのほうが得策です。潜在ニーズをゼロから掘り起こすよりも、顕在ニーズがあるところを狙ったほうが始めやすいし、成功もしやすいということです。


それではほかと似たようなビジネスに埋没してしまうのではないか、と心配になるかもしれませんが、安心してください。すでにある市場で成功するために、先ほどの「掛け合わせ」の発想があるのです。

似たようなことをしている人がたくさんいるように見えても、
・自分の情熱の源泉を見つけ、

・お客様を「1人」まで絞り込み（ペルソナを設定し）、
・そのお客様にどんなベネフィットを与えられるのかを考える。
これらをかけ合わせたうえで、
・見せ方、売り方の部分は、成功者をお手本とさせてもらう。

そうすれば、すでにある市場のなかでもキラリと光るオンリーワンビジネスとして、十分、勝負していけます。**マーケットインの考え方で、ある程度、自分の商品設計ができたら、見せ方、売り方は真似すればいいのです。**

このように考えれば、「考えすぎて一歩を踏み出せない」「どうしたらいいかわからなくなってしまった」なんていうことにはならず、「とりあえずやってみよう！」と思えるでしょう。

実はこの思い切りが、成功の一番の鍵といえます。

4
章

コアなファンができる
発信力の磨き方

魅力的な記事は「価値の発信」がうまい

■人を惹きつけるブログの書き方8つの秘訣

お客様との「最初の接点」であるSNSやブログで、自分をどう表現するかによって、ビジネスは大きく分かれます。とくにブログは、一定数に認知される段階から一歩踏み込んで、「価値の発信」をし、実際の購買行動につなげていく場となります。

ということで、本章では発信力――コアなファンができるブログ術を具体的に紹介していきます。まとまった文章を書くというと、苦手意識が先に立ってしまう人もいるかもしれませんが、大丈夫です。ブログはとてもゆるい言論空間なので、あまり堅く考えずに取り組んでください。

人を惹きつけるブログ記事を書くには、次の8つの秘訣があります。

①知り合いに語りかけるように書く

どのブランディングを選ぶにせよ、「親しみやすさ」は欠かせません。かといってなれなれしいと反感を呼ぶ恐れがあるので、**友だちではなく知り合いと会話するように**「〜ですよね」「〜だと思いませんか?」といった言葉づかいにします。

②専門用語や業界用語はNG

自分の得意分野の業界用語や専門用語を、まるで一般用語のように使う人がよくいます。でも、読んでほしいのは同業者ではなく、専門知識のない一般のお客様です。

SNSを眺めるとき、人は頭を使って「読む」のではなく、ただ「眺めている」というのが大半です。その分野に関してまったく知識のない人、たとえば**中学生が読んでもわかりやすい**、そんな表現で伝えることを意識してください。

私はブログなどでは、「ペルソナ」という言葉はほとんど使わず、「想いを届けたい人」などと表現しています。「ペルソナ」はマーケティングの専門用語だからです。

以前、恋愛心理学について発信していた講座生が「自己受容」という言葉を使ったときには、次のような提案をしました。

「自己受容」は、心理学や自己啓発ジャンルが好きな人には馴染みのある言葉ですが、その人のペルソナは「会社と家の往復をしているOLさん」。いきなり「自己受容」と書いてあっても、おそらく意味が通じない人が多いと思われました。

そこで「自己受容とは？」という説明だけの記事を1つ書き、この言葉を使うときには、その記事のリンクを貼り付けるように提案しました。

専門用語でも、このように、たまに解説付きで触れることで知識の深さを垣間見せる、というのは有効な戦略です。

でも、何の注釈もなく当然のように専門用語を出すと、専門知識のない人にとっては読みづらく、「難しそう」「自分には合わない」と思われてしまいます。

③ 情景を映し出すように書く

次の文章を読み比べてみてください。

- 就職試験に失敗したときは、とても残念でした。
- 第一希望の会社から不採用通知が届いたときは、ショックでした。もう何もしたくない、誰とも会いたくないと思い、半年ほど家に引きこもっていました。

どちらのほうが心に響きましたか？　頭のなかで鮮明に情景が映し出されると、人は、その情景のなかにいる人の想いに共感を覚えるものです。

前者のように「何が起こったのか」「どう感じたのか」だけでなく、後者のように、**その出来事によって自分はどうなったのか**。当時の情景を映し出すようなエピソードを描写すると、読者の心に響かせることができます。

④ 語尾をぼやかさずに、はっきりいい切る

「〇〇らしいです」「〇〇だと思います」など、伝聞や憶測の表現が続くと、読者は

「この人はプロではないのかな」「自信なさげで頼りないな」という印象をいただきます。**自分のビジネスのコアや主張に関わるところでは断定調に書いてください。**

「自分なんかが偉そうに書いていいのかな」と思っているのなら、まず、そこから意識を変える必要があります。

あなたは唯一無二の存在であり、あなたには伝えられる言葉があるのです。「想いを届けたいお客様」に向けて、ぜひ「○○です」という表現で伝えてください。意識を変えるだけで、自然と語尾に力強さが出るはずです。

ただ、いい切ることで全体の雰囲気が厳しめになってしまったと感じたら、**文末にフォローを入れる**というのも大切なポイントです。

「今日はちょっと厳しいことを書いてしまいましたが、私はいつだってみなさんを応援しています」

「過去の私にも、実は同じような時期があったのです。今にして思えば、そうやって悩んでいる時間がもったいなかったなと思うので、今日は過去の自分にも届けるつもりで、はっきりお伝えしました。みなさんにも届きますように」

こんなふうに最後は読者への愛で締めくくるようにすると、読後感がやわらぎます。

⑤テーマは必ず1投稿に1つ

投稿の価値を高めたいと思うと、盛り込む内容の「量」で勝負したくなるかもしれません。

でも、たいていの読者は、一度に多くを受け取れません。「長い」「疲れる」「難しい」というストレスを与えるようでは、せっかくの「教えてあげたい」という意識が逆効果になってしまいます。

たくさん語りたくなる気持ちはぐっと抑えて、テーマは1投稿あたり1つに絞る。その1つの質を高く、わかりやすく伝えることに力を注いでください。

わかりやすさの鍵は「構成」です。エッセイのように文体を楽しむものは散文的でもいいのですが、**目的を確実に伝える文章には、わかりやすく流れる構成が必要です。**

といっても難しく考えることはありません。1投稿に1つのことを伝えるというシンプルな内容ならば、**その回で大事なことは、最初と最後に2回書く。**この点を押さえるだけで、ぐんと伝わりやすい文章になるでしょう。

⑥自分の想いを盛り込む

自分が大事にしている理念や思想、ビジネスの先に見据えているビジョンを表すことで、想いが伝わる文章になります。

人は、「何を売っているのか」より、「どんな人が売っているのか」を重視するものです。そしてコアなファンとは、あなたの「想い」に共感してくれる人たちです。

「私は起業コンサルを通じて、時代をつくる女性を支援していきたいです！」

こういう熱い想いを盛り込み、親しみやすいなかにも強い意志を感じさせる内容にしていってください。

⑦「反論の反論」を書く

「反論の反論」とは、お客様がいだきそうな**「反対意見」や「疑問」を先回りして提**

示し、それに応えるということ。たとえば、次のような感じです。

「こういうと、○○ではないかと思われる方もいらっしゃるかもしれません。でも見方を変えてみれば、△△ともいえるのではないかと思うのです」

ちょっと踏み込んだことを書くときには、「どんな反論や疑問をいだきやすいだろうか」と考えてみることです。「いったん視点を自分から外して、他者の目で読んでみる」といいでしょう。

一方的にアピールするのではなく、反論や疑問にも先回りして応えることで、より説得力のある文章になります。

⑧ NGポイントをチェックしてから投稿する

文章は「推敲」という手直しのプロセスを経て完成されるものです。**書き上げたら、必ず最初から見直す**こと。論理矛盾しているところはないか、難しい専門用語を使っていないかなどをチェックし、必要に応じて細かい修正を加えます。

❖人を惹きつけるブログの書き方（一例）

ポイント①②④⑤⑧に対応しているケース

今日は、「あなたの想いを届けたい人は誰か？」
を考えることについてお伝えします。
ここをしっかり決めないと、今後の発信にかける時間や労力が、
実を結ぶのか水の泡となるのか……大きな差となってしまいます。

最終的に、「想いを届けたい人」が、あなたのサービスを購入するお客様となります。つまり「まだ見ぬお客様」ですね。
そのお客様に、頭の中で先に出会ってください。
その人が自分のサービスでどう変わって、笑顔になっていくかを
想像すると、行動したい気持ちがあふれてきますよ。

少し時間はかかりますが、お客様像を考えていくと、発信の内容と方法が決まってきます。

ポイント①③④⑤⑧に対応しているケース

当時の私は、お客様から一番感謝される立場の営業という職種に誇りを持っていました。
大きな案件を仕切るため、継続的に売上数字を達成するために、
がむしゃらに走りまわり終電に乗り込む。そんな6年間でした。

「いつまでこの生活が続くのだろう？」
そう感じながらも、現状を変えるほど強い意志も体力もない……。

そんなときに、新人の頃からお世話になっていた2児のママの
先輩がこのまま「営業現場にいるのは子育てとの両立が難しい」
と退職されました。

私は充足感を感じながらも、目指すロールモデルがなく、将来に

大きな不安と焦りがありました。どうしていいかわからない。
そんな闇に包まれた感覚で、将来のことを考えると夜もなかなか
眠れない。そんな日々が続いたのです。

その際、次のNGに当てはまっていないかどうかも、あわせてチェックしましょう。

・自分をよく見せるために何かを否定していないか。
・マウントをとっていないか。
・強引に説得しようとしていないか。

自信がないと、歯切れの悪い曖昧な書き方になる場合もあれば、逆に自信のなさをカバーしようとして攻撃的な書き方になる場合もあります。

攻撃のエネルギーは自分が思っているよりも強く相手に届きます。すると反感を呼んだり、フォロワーが離れてしまったり、さらには同じような攻撃的なエネルギーをもつ人を呼び寄せたりする可能性があるのです。

■ 自分の投稿に「値段」を付けてみよう

ブログを書いていると、

「自分の発信には、どれくらいの価値があるのだろうか?」

という不安に襲われることがあると思います。

もちろんあなたのビジネスや、あなたという人間の価値は、何があっても損なわれませんが、**投稿ごとの「値段」を意識して書くようにすると、質の高い内容を発信できるようになります。**

ビジネスを始めたばかりのころは、ほとんど誰からも認知されていません。そういう人がブログでコアなファンを獲得していくには、「教えてあげる」という意識が成功の鍵となります。

ビジネスにつなげていくからには、やはり「ただの日記」ではなく、値段が発生してもいいくらい価値ある情報を発信していく必要があるのです。

「1投稿、○○円の価値があるものにしたい」と自分で値段をつけてみてください。すると、提供する情報や知識が充実する、伝わりやすいように文章を磨き上げられるなど、その値段に見合うように内容が追いついていくでしょう。

記事タイトルで惹きつけ中身に誘導する

■「思わずタップしたくなる」タイトル付け

いくら内容がよくても、情報があふれているなかでブログを読んでもらうには、まず記事のタイトルで「お？」と思わせる必要があります。

とくにブログを開設したばかりのころは、記事タイトルによって「フォロワーからコアなファンへの移行」がうまく流れるかどうかが分かれるのです。

そこで、ぜひ覚えておいていただきたいタイトル付けのポイントは3つです。

①自分のお客様が検索しそうな言葉を入れる

あなたが想定しているペルソナには、どんな問題や欲求があるのでしょう。その問題を解決したり欲求を満たしたりするために、あなたのペルソナは、どんな検索ワードを入力すると思いますか？

そこで浮かんできた言葉をタイトルに入れます。たとえば、「副業　収入アップ」「産後　きれいにやせたい」「時短弁当　つくり方」などです。

②キャッチーなキーワードは冒頭に入れる

①で浮かんだ言葉は、タイトルの冒頭に入れると効果的です。

ネットのテキストはすべて横組みになっている（左から右に向かって読む）ので、タイトルの「左端」に入れると考えてください。

なぜこれが重要かというと、真っ先にキャッチーな言葉が目に入ったほうが、中身まで読んでもらえる確率が高くなるからです。

また、キャッチーな言葉を記事タイトルの後半（右端）に入れると、ＳＮＳでシェアされたときなどに、タイトルすべては表示されずに切れてしまう場合もあります。

そうなると、せっかくの魅力的な言葉が人目に触れないで終わります。言葉の配置ひとつで、記事タイトルで惹きつけるという効果がなくなってしまうのです。

③具体的な数字を入れる

「○○になる5つの法則」「なぜか○○な人の3つの共通点」など、タイトルに数字が入っていると、重要なことを簡潔に教えてくれる、と感じてもらえます。

読者は「5つの法則？　私にもできるかもしれない！」「その3つの共通点に、私は当てはまるだろうか？」と自分に引き寄せてイメージし、「じゃあ、読んでみよう」という行動につながるのです。

■「たくさん書き出してみる」と訓練になる

文章と同様、タイトルも場数を踏めば踏むほどコツがわかってきて、時間をかけて考えなくても魅力的なタイトルを付けられるようになっていきます。

私も起業当初は、毎回、10個くらいタイトル候補を書き出し、言葉を入れ替えてみたり、言葉の組み合わせを変えてみたりと試行錯誤していました。タイトルを声に出してみて、語呂のいいものを選んだりもしました。

今では「これだ」というタイトルがポンと思い浮かぶ、という感じです。

起業セミナーの受講生にも、**とにかく最初はたくさんタイトルを書き出してみる**ことをおすすめしています。一朝一夕で身につくものではありませんが、訓練を積めば確実に上達するものです。場数を踏むほど力がつくというのは文章力も同様です。

記事タイトルのセンスを磨くには、広告のキャッチコピーや書籍のタイトル、見出しを研究するというのも非常に効果的な方法です。

プロが考え抜いて編み出しているだけあって、広告にも書籍にも魅力的な言葉や、はっとする言葉の組み合わせが並んでいます。

今までは、あまり目を向けてこなかったかもしれませんが、街中はヒントの宝庫です。プロの仕事にどんどん学ばせてもらいましょう。

■ ブログタイトルは「気に入ったもの」でいい

ところで、ブログそのもののタイトルはどう付ければいいのかと思っている人もいるかもしれません。これは、ビジネス設計の過程で考えた「情熱の源泉、ペルソナ、ベネフィット」から浮かび上がってきた言葉を素直に並べてみるといいでしょう。

とくに「このブログを読んだらどうなるのか？」という**「ベネフィット」から、わかりやすいタイトルをつくり上げる**のがおすすめです。

肩書と同様、「私はこういうことをやっている人、と認知されたらいいな」と自分自身が感じられるものが正解です。

実際に始めてみて違和感が生じたら、変えてもかまいません。私のブログタイトルも、当初は「副業で賢く収入アップ！　お客様をファンにする100の方法」だったのを、今では「好きなことで賢く収入アップ！　お客様をファンにする100の方法」に変えています。

レスポンスがなくても半年は続けよう

■ 焦らず、腐らず、続けることが一番大事

ブログを始めたら、すぐにでも手応えを感じたくなるかもしれません。

「ちゃんと自分のことを表現できているだろうか？」

「ペルソナに当てはまる人たちに、メッセージは届いているだろうか？」

「自分の商品は、どれくらい求めてもらえるだろうか？」

まだわからないことが多いからこそ、何も手応えを感じられないと不安に襲われてしまいそうです。でも、そういうときこそ少しの辛抱が必要です。

これだけ情報があふれているなかで、みな、すでにたくさんの人をフォローしてい

るはずです。たとえ、あなたのペルソナにぴったり当てはまる人であっても、なかなかあなたに辿り着かなくても無理はありません。

それでも、しっかりとビジネスを構築し、今までお話ししてきたポイントを押さえて発信していれば、いずれは、あなたのビジネスを本当に必要としている人に届くようになります。手応えも感じられるようになるでしょう。

それまでは決して**焦らず、腐らず、地道に続ける**ことが大事なのです。

変化は、「徐々にフォロワーが増え、コメントなどの反応が来るようになった」という形で現れる場合もあれば、「目に見えてフォロワーが増えているわけではないのに、高額な商品が売れはじめた」という形で現れる場合もあります。

あるいは「自分のビジネスと近い業界団体などの人の目に止まり、突然、仕事を依頼された」という形で現れる場合もあります。

変化の現れ方はビジネスの内容によっても違ってきますが、いずれにせよ、これだけきちんと考えて**質の高い内容を発信していたら、一定数に認知されるのは時間の問題**なのです。

■ 半年間の蓄積は決して無駄にならない

それでも、反応がなかったら、やっぱりヘコむかもしれません。

「自分のビジネスを必要としている人なんていないんじゃないか」「方向性を大きく誤っているんじゃないか」と悶々とすることもあるでしょうが、とにかく半年は発信を続けてみることです。

更新の頻度は「毎日」を目標に。とはいえ1投稿にかけられる時間や労力は人それぞれなので、**習慣化するために少なくとも2～3日に1回は更新していきましょう。**

今まであまり文章を書いてこなかった人は、まず、まとまった量を書くことに慣れるまでに少し時間がかかります。

また、誰も最初から完璧ということはないので、試行錯誤しながら発信内容を軌道修正していくことも必要です。

半年以下では、まだアカウントが育ちきっていなくて「まず認知される」という最初の段階にいっていないと見ることもできます。せっかく始めたのに、ここで諦めるなんてもったいない話です。

一定の認知を獲得し、発信を軌道に乗せるまでには、ある程度時間が必要なので、辛抱強くがんばってみてください。


もしかしたら、同じ「資産型メディア」でも、あなたのビジネスにはブログよりもYouTubeのほうが合っているのかもしれません。ペルソナの設定やベネフィットの打ち出し方を調整したほうがいい場合もあります。

このように、発信媒体やビジネスの設計を変える必要に迫られる可能性はゼロではない。でも、その判断を短期間で下すのは性急すぎます。

最低でも半年続けていれば、たとえ方向転換したとしても、その間の蓄積は次の展開に必ず生きます。**最初は「きちんと考えて質の高い発信をするノウハウ」を積み重ねる期間と考えて、「まず半年」と心得ておきましょう。**

将来に向けて惜しみなく種を蒔く

■「売上」という果実の収穫まで時間はかかる

作物の栽培では、蒔いた種がすべて実り、収穫できるわけではありません。なかには芽が出ない種もありますし、芽が出ても途中で病気になることもあれば、丈夫な芽を大きく育てるために、途中で弱い芽を間引く必要もあります。

だから一定数を収穫するには、たくさん種を蒔かなくてはいけません。

そして、蒔いた種のうち一定数が芽吹き、たくましく育ったとして、果実が実るまでには、また時間がかかります。その間、作物は水と太陽と栄養をめいっぱい吸収して、初めて豊かに実るわけです。

「蒔いた種」を「自分が発信する情報」、「育つ芽」を「フォロワー」とすれば、ビジネスでもまったく同じことがいえます。

情報という種を蒔くことで、SNS上で芽吹いたフォロワーがコアなファンに育ち、商品やサービスを買ってくれるようになるまでには、ある程度の時間がかかるのです。

「売れる」という成果を急がず、最初はたくさん種を蒔く。つまり**自分のビジネスに関する情報を、ひたすら届ける**ことに徹してください。

ビジネスを始めたばかりのころは、まだ誰も自分を知りません。逆の立場に立ってみれば納得できると思いますが、「どんな想いで」「何をしている」のかわからない人にお金を出そうとは、なかなか思えないでしょう。

だからこそ、**最初は惜しみなく情報を届けることが、やがてコアなファンを獲得し**

ていく足がかりとなるのです。

これは、セミナー講師など、ノウハウを教えるビジネスではとくにいえることです。「無料で発信するのはここまで」「ここからは有料の内容だから明かさないでおこう」といった区別は設けないようにしましょう。

豊かな発信内容であればあるほど、多くの人が集まってきます。そして質の高い内容であればあるほど、「こんないい内容を無料で教えてくれるなんて」という感謝の声を聞くことができます。

そういう感動が、通りすがりの読者をフォロワーへ、フォロワーをコアなファンへと変えていくのです。

これがまさに「たくさん種を蒔く」ということ。ふんだんな内容に集まった多くの人のうち、ほんの数パーセントでもコアなファンになってくれたら、あなたのビジネスは立派に成り立ちます。

■「ファン未満」の声もビジネスのヒントになる

商品が実際に一定数が売れるようになり、ビジネスが回りだしてからも、実は出し惜しみするのは賢明ではありません。そのときの自分が提供できることを全力で伝えることをおすすめします。

なぜそうしたほうがいいかというと、**質の高い情報提供には、質の高いフィードバックが返ってくる**ものだからです。

コアなファンから熱心な質問やリクエストが入ることも多い一方、見過ごせないのは「ファン未満」の人たち、つまり、すでにあなたに好意を寄せていて、商品やサービスを体験したいと思ってはいるものの、まだそこには至っていない人たちの声です。もう気持ちとしては「買いたい」のに、その一歩を踏み出せないところには、必ず理由があります。そんな**ファン未満の人たちからのフィードバックがヒントとなり、新たなビジネスが生まれる**ことも多いのです。

たとえば私は、日ごろ「ビジネスにおけるSNSの活用法」について多く発信しているのですが、あるとき、**別のニーズがある**ことに気づきました。

というのも、ブログを読んでセミナーに申し込んでくれる人が多くいる一方、次のようなコメントも頻繁に寄せられるようになったからです。

「自分の方向性からブレずに発信を続けることが重要とのことですが、方向性はどうやって定めたらいいのでしょうか？」

「あやさんがいわれているように、好きなことをビジネスにしたいのですが、私は、自分がいったい何が好きなのかがわかりません。どうしたらいいでしょうか……」

「興味のあることが多すぎて1つに絞れません。方向性を定める方法を知りたいのです」

こうしたコメントを読むうちに、私は「世の中の多くの人は、ビジネスの方向性を定めるところから悩んでいるんだ」ということに気づきました。

私が発信してきた「ビジネスにおけるSNSの活用法」は、すでに方向性も商品設計も煮詰められたうえで、それをどうやって世の中にアピールしていくか、という話です。

でも実際には、それ以前のところで立ち止まっている人がいる。これは、**読者からのフィードバックがなければわからなかった**ことです。

そこで既存商品である「SNSの活用法」などに加えて、「好きなことの見つけ方」というテーマの1日講座も行うようになったのです。

ここで、私の知人のケースを紹介しておきましょう。

その人は人物専門のフォトグラファーで、個人でビジネスをしている人向けに「プロフィール撮影」をしています。

ブログで発信してきたのは、プロフィール撮影に関する自分の想いや、お客様のこと、お仕事のこと。ところがそこへ、ちらほらと次のようなコメントが入るようになったといいます。

「すてきなプロフィール写真、ぜひお願いしたいのですが、私は、そこまでちゃんとビジネスをしているわけではありません。こんな私でも依頼していいでしょうか」

「どんなプロフィール写真が自分らしいのかわからないのですが、そういう相談に乗っていただくことはできますか？」

既存のサービスは、すでにブランディングが確立している人の「らしさ」を写真で表現するというものでした。

でも、今、挙げたようなコメントを寄せた人たち（ファン未満の人たち）は、この人に撮ってもらいたい気持ちは高まっていても、そもそも「どういう写真を撮ってほしいのか」がわからない。だから、依頼していいものか迷っていたわけです。

そこで、撮影のときの服装やメイク、写真の雰囲気などを綿密にコンサルし、お客様個人、あるいはお客様のビジネスの「世界観づくり」をサポートするプラン（商品）を新たに設けたそうです。

ひとことでいえば、「セルフブランディングコンサルタント」という新サービスを、既存商品の「プロフィール写真撮影」に加えたのです。

さらに、このプランが軌道に乗ってくると、今度は「セルフブランディングの方法を体系的に習いたい」という声が寄せられるようになったため、最近ではセルフブランディングのセミナーも開くようになっています。

日ごろ出し惜しみしていると、どうしても発信内容が曖昧になりがちです。そして曖昧な内容ばかりだと、読者は、あなたの雰囲気を味わうだけで終わってしまうでしょう。それだと、ファン未満の人たちのニーズをすくいあげることができないまま、ビジネスチャンスを逃しかねません。

こちらが出し惜しみせず、自分の想いや情報、知識などをふんだんに発信するからこそ、ファン未満の読者は「この人が提供しているものを体験したい。こういうのがあったらいいな」と明確に自覚し、それを言葉にして伝えることができます。

先ほどお話しした「質の高い情報提供には、質の高いフィードバックが返ってくる」とは、こういうこと。そしてその声を汲み取ることが、既存商品からの新たな展開につながるのです。

毎日発信するのがつらくなったら……

■マイペースでコツコツ続けていくために

起業セミナーの受講生から、「ブログをずっと続けられるかどうか、自信がない」といった相談を受けることがあります。

ブログは毎日投稿しなくてはならないわけではありません。受講生の方々を見ていても、自分のペースでラクに、楽しく書きつづけている人ほど成功しています。ただ、途中で更新が途絶えてしまうのは、やはりもったいないことです。

更新が止まるというのは、あなたのビジネスが開けるチャンスが止まることを意味します。

そして更新が途絶えている期間が長くなればなるほど、定期的に更新していたころの蓄積分は徐々に劣化していきます。「やっぱり自分のビジネスをしていきたい」と思ったときには、またゼロからのスタートになってしまうのです。

だから、**マイペースでいいから、更新を途絶えさせずにコツコツ続けることが大切です。**となると、いかに情熱を保つかというのは、起業当初の課題といえます。最初はやる気満々で始めても、すぐにレスポンスがあるわけでも商品が売れるわけでもなく、しだいに熱意がしぼんでいってしまう……。みなさんも、こうした状況に陥ることがあるかもしれません。そのまま発信を続けるのはつらいものでしょう。

では、**熱意が切れかけたらどうしたらいいか。**処方箋は2つです。

1つめの処方箋は、最初に考えた「情熱の源泉」「ペルソナ」「ベネフィット」を思い出すことです。

- なぜ、あなたはそのビジネスを始めようと思ったのですか？

・あなたが考えている商品は、誰にどうなってもらうためのものですか？
・あなたの商品を購入した人には、どんないいことが起こるのですか？
ビジネス構築時に、じっくり考えて出した答えにいったん立ち返ってみましょう。

2つめの処方箋は、ビジョンをあらためて鮮明に思い描くことです。

・そのビジネスを通して、あなたはどうなっていきたいですか？
・収入を上げて、より豊かになりたい。もちろんそうでしょうが、さらに長い目で見たときに、あなたは自分のビジネスを通して、人々や社会にどんな影響を与える存在になっていたいですか？

すべて起業当初には明確に考えていたはずなのですが、放っておくとしだいに輪郭がぼやけていくことがあります。
すると、「何のためにやってるんだっけ？」という迷いや疑問が生じ、それが熱意の低下につながってしまうのです。

このように、熱意の低下に一番効くのは、川をさかのぼってピュアな源流を探し当てるように、自分の熱意の出発点へと立ち返ること。「原点回帰」をすることで、ビジネスを始めようと思った当初の熱意を取り戻し、発信する意欲も高まるでしょう。

■ インプット不足によるアウトプット疲れを防ぐ

もう1つ、発信を続けるのがつらくなる原因と考えられるのは「書くネタが切れるかもしれない」という不安です。

この不安に対する処方箋もシンプルです。**ネタが切れそうだと感じたら、もう思い切ってビジネスを始めてしまう。**情報を与えるだけの段階はいったん終わらせて、商品やサービスの販売を開始するということです。

なぜ、ビジネスを始めることが処方箋になるのかというと、「ネタが尽きそうで、発信を続けるのがつらい」というのは、言い換えれば「インプット不足によるアウトプット疲れ」だからです。

つまり、この**不安を解消するにはインプットを増やしてあげればいい。その一番の**

方法が、ビジネスを始めることなのです。

ビジネスを開始すると、お客様と実際に接することになります。すると、一方的に発信するだけでなく、お客様から感想や質問などが返ってくる。

このインプットが、「以前、こういうお客様がいて、こんなふうに変化されました」「こういうご相談を受け、私はこう答えました」「こういうご注文を受け、私はこんな品物をお届けしました」という具合に、もれなくブログのネタとして生きていきます。

そう考えてみると、ビジネスとは、単に「自分とお客様との、商品・お金のやり取り」だけではないということに気付かされるはずです。

あなたの商品やサービスを買ってくれた人からのフィードバックが、ブログやSNS更新のネタとして生き、さらには商品やサービスの改善のヒントが見つかったり、新しいビジネスのアイデアがもらえたりと、お客様から受け取るものも多いのです。

もっといえば、商品を買ってくれた人だけでなく、商品に関するファンからの質問や要望からヒントをもらえたり、ブログ記事に対する応援メッセージに勇気づけられたりすることも少なくありません。

SNSは、ファンとあなたの与え合いの場です。

あなたはファンに対して、日々の発信を通じて情報を届ける。また、商品を提供することでベネフィットを贈る。

ファンはあなたに対して、投稿へのレスポンスという形で勇気を与えてくれる。また、商品を購入し体験することで、新しいネタやビジネスを向上させるヒント、アイデアを与えてくれる。

そんなあたたかい与え合いの場をつくっていけるというのも、1人で起業・副業するメリットです。

告知文は楽しいことへの招待状だ

■「売り込み」ではなく「お知らせ」「お誘い」

普段の発信では、ちょっとしたお役立ち情報や、あなたのライフスタイルや価値観が伝わるようなことを綴ります。

起業や副業では、あなた自身に対する支持、共感を集めることが売上につながっていきます。「すべての投稿はビジネスのため」といっても、商品の売り込みをするということではないのです。

コアなファンの支持、共感が集まっていれば、こちらから努めて売り込まなくても、売れるようになります。

ですから、いよいよ商品を売り出すというときには、**「売り込み」というより「お知らせ」、もっといえば「お誘い」であるように意識して、概要がわかりやすい告知文を心がける**といいでしょう。

「買ってください」と圧をかけるのではなく、「こんな商品ありますよ」「こんなサービス始めますよ」と、まるで楽しい会に招待するような感じです。

そこで意識したいのが、次の3点です。

①その商品を購入するであろうお客様（ペルソナ）

2章の「ペルソナを設定するワーク」で、想定するお客様像を1人にまで絞っていただきました。

そのプロセスを経たことが、実際に商品を紹介するときにも生きるのです。自分のペルソナに当てはまる人たちに、**「商品をプレゼントする」ような意識で書く**と、その商品を本当に必要とする人たちに情報が届きやすくなります。

②その商品から得られるすてきな経験、よりよい未来（ベネフィット）

これも2章のワークで徹底的に考えたことです。その商品を購入することで、あなたのペルソナに当てはまる人たちは、どんなすてきな経験や未来を得るか。ベネフィットをしっかり明記することで、お客様の購買意欲を高められます。

たとえば、同じ「男性向けのダイエット商品」でも、ペルソナが25歳か30歳かによってベネフィットは変わるでしょう。

ペルソナが「25歳・男性」の場合のベネフィットは「腹筋が割れた体になってすてきな恋人ができること」だとしたら、「30歳・男性」の場合は「やせてスーツをかっこよく着こなし、社内外の評価を上げて出世すること」かもしれません。

「男性向けのダイエット商品」という点では同じでも、このようにペルソナの年齢設定が5歳違うだけでベネフィットは違ってくるのです。

他者にはない、自分の商品の価値はなんだろうか。**商品の魅力・売り・効果が自分のなかで本当に腹落ちし、説明できるようになると、商品に心から自信をもてます。その自信のエネルギーは文章に宿り、文章から伝わってくるエネルギーに、人の心**

は動かされるのです。

③ その商品のネガティブ面（買わない理由、デメリット）

意外かもしれませんが、告知文にネガティブ要素も盛り込むことで、実はお客様を購買へといっそう動かすことができます。

人が何かを「欲しい！」と思ったとき、それと同時に、ほぼ同じくらい強く「買わない理由」を思い浮かべるものです。なぜなら、人には「現状を守ろうとする」「そのために変化を避けようとする」という性質があるからです。

いくら「すてきな経験をしたい」「変わりたい」と思っていても、その一方では、判断を先送りにしたり、理由をつけて購入を諦めたりするほうがラクと感じている。買わない理由を探して「変わらないこと」を選びがちなのです。

たとえば、買わない理由の代表格は「値段」です。そこで、

「ダイエットの知識を学ぶのに〇〇円なんて高いと思うかもしれません。でも考えて

みてください。ダイエットに必要な栄養学の知識は一生のスキルです」

という具合に、「買わない理由」を先回りして解消してあげると、お客様のなかでも「買わない理由」が解消され、購買へと導きやすくなります。


また、売りたいあまりメリットだけを並べたくなるかもしれませんが、それではかえって人は不信感をいだくでしょう。


万人に合う完璧な商品などありません。たとえば、

「本講座は、短期集中で課題の量も多いため、ついてこられない人もいるかもしれません」

「本講座では深層心理を読み解いていくので、今まで向き合ってこなかった自分の弱さを受け入れるなど、一時的にはつらい気持ちになることがあるかもしれません」

というように、**自分でわかっているデメリットは先に開示する。そういう誠実さがお客様からの信頼につながり、信頼が購買の動機となります。**


こうしたデメリットの開示は、「本当に来てほしいお客様」に来てもらえる布石と

しても機能します。先に挙げた例でいえば、

「本講座は、短期集中で課題の量も多いため、ついてこられない人もいるかもしれません」

↓短期で成果を出したいというモチベーションの人だけが集まる。

「本講座では深層心理を読み解いていくので、今まで向き合ってこなかった自分の弱さを受け入れるなど、一時的にはつらい気持ちになることがあるかもしれません」

↓途中で挫折する人が出ないように先手を打っておく。

という効果があるわけです。

■ クレーマーを寄せ付けない3つの鉄則

クレームが寄せられるのは、一概に悪いこととはいえません。

世の中にはクレームを品質向上のため、また戒めのために大事にとっておいてある会社もあるくらいです。誠意を込めて対応することで、クレーマーがファンに変わったというのも、よく聞く話です。

ただ、クレームのなかには、「ただの難癖」でしかないものがあることも事実です。

また、「クレーム係」という役割の人がいる企業とは違い、1人でビジネスをしている人は、リソースが非常に限られています。

なんでも1人でこなさなくてはいけないなかで、クレーマーにまで手が回らないというのが正直なところなのです。ですから、告知文では「クレーマーを寄せ付けないように」という点も意識しましょう。

そこで追加したい告知文の心得は、次の3つです。

①自分を大きく見せない

自分を等身大以上に見せていると、見ている人の期待値もおのずと高くなり、「思っていたのと違う」というクレームの種になります。

自分を大きく見せたくなるのは、「自分なんて」といった自信のなさの裏返しでしょう。**今の自分の知識やスキルのレベルでも十分にビジネスになる**ということを思い出し、自信をもって等身大の自分で告知してください。

②買うように煽らない

ビジネスですから、その商品を購入することで得られるベネフィットをアピールすることは必要です。

でも、売りたいがためにベネフィットを強調しすぎると、ある種、依存的なお客様まで呼び寄せかねません。過度な期待をいだくように、読者をミスリードしてしまう恐れがあるのです。

たとえば、私のような起業コンサルタントの場合、最終的に変化を起こすのは私ではなく、あくまでもコンサルを受けたお客様本人です。

それなのに、「この商品を購入するだけで、確実に売上が上がります！」などと極端に表現したら、自分は何も努力しなくても変化が起こるかのように思って申し込む人が出てくるでしょう。

実際には、本人の行動なくして変化は起こらないので、やはり「思っていたのと違う」というクレームにつながってしまうのです。

グッズなどを売る場合でも、最終的に「買う」という判断をするのはお客様です。たとえ満足してもらえなかったとしても、端的にいえば責任の半分は、買ったお客様にあります。その意識がお互いに失われないように、**商品の魅力はしっかり伝えつつ、煽らないように冷静な告知文**を心がけましょう。

売りたい気持ちは山々でも、読者を煽り、ミスリードしてしまっては、たとえ売れてもクレーマー対応に追われることになる危険があるわけです。

③断ることを恐れない

再度お伝えしますが、ファンは少ないほうがビジネスはうまくいきます。

本当に自分に共感している人にだけ買ってもらったほうが、お互いに気持ちよく、タメになります。裏を返せば、**本当に自分に共感する少数の人以外の人たちには買ってもらわなくてもいい。買ってもらわないほうがいいのです。**

だから「誰でも買ってくれたらうれしい」という気持ちは捨てて、その商品の対象者をある程度絞り込むように書く。ベネフィットはしっかり提示しつつも、「こういう人には向かないかもしれません」といった但し書きも明記しましょう。

もしかしたら、その注意書きに対して、「私はこういう感じなのですが、合わないでしょうか？」といった問い合わせがくるかもしれません。

見ず知らずの人なので判断しにくいと思いますが、自分の感覚に従うのが一番です。目安は、第一印象で「この人と友だちになりたいな」「お付き合いしてみたいな」と感じられるかどうか。

相手の人となりは文面にも現れます。「合わなさそう」と思ったら強く推さずに、「今回はお役に立てないかもしれません」などと、やんわりと断ってしまいましょう。

それでも買う人は買うのですが、このように**お客様を絞り込む布石を打っておくことで、クレーマー予備軍の大部分は除外されます。**

人の目が気になって発信できないときは……

■「自慢っぽい」「上から目線」は思いすごし

今までSNSであまり発信してこなかった人は、自分自身のことや自分が始めたビジネスについて、発信すること自体に少し恐怖心があるかもしれません。

起業セミナーのSNS文章術のワークでも、よく受講生の方から「ここまで書いてしまうと自慢に見えませんか?」「これだと上から目線になっている気がするのですが」といった声が上がります。

まずいえるのは、「考えすぎ」です。本当は自信がないのに無理に覆い隠そうとして書いた文章は、たしかに自慢話をひけらかしているように見えたり、上からモノをいっているように感じられたりすることがあります。

でも、**熱心にビジネスを設計し、ビジョンを定めてがんばっていこうとしている人が素直にまとめた文章が、自身の想いや意図を飛び越えて、自慢や上から目線といったエネルギーを帯びることはない**はずなのです。

なぜなら、根底にある想いこそが、文章が醸し出す雰囲気を決めるからです。

つまり、無理せずに等身大で書くのが一番ということです。何かを取り繕ったり覆い隠したりしようとせず、素直に書いていけば、それだけ人の心に響く発信になっていきます。

それで「自慢だ」「上から目線だ」と思う人がいたとしたら、その人たちは、あなたのお客様候補ではありません。そう割り切ってしまっていいでしょう。

もとよりフォロワーを増やすこと自体が目的ではないのですから、自分の素直な発信を、素直に受け取ってくれる人だけに向けて発信しつづければいいのです。

素直に書いてはみたけれど、発信することにためらいを感じるのなら、そこに書いたとおりの自分の姿に罪悪感があるのかもしれません。

たとえば、世の中の人は満員電車に乗って通勤しているのに、自分は自宅でゆったり過ごしながら、1人でビジネスをしている。そんなことでいいんだろうか、と。今の自分に対して、「それでいいんだ」という許しを出せていない可能性があります。

もちろん罪悪感をいだく必要は微塵もないのですが、「これが私なんだ」というセルフイメージが確立されていないと、等身大の自分を発信することにためらいが生じてしまうのです。

そういう人には、「大丈夫だから、自信をもって！」と声を大にしていいたい。いまいちど、「情熱の源泉」「ペルソナ」「ベネフィット」、そして「ビジョン」を自分の胸に刻み直してください。

自分はそういう人のために、こういうビジネスをしているんだ。人々や社会にこうコミットしていきたいんだ。自分は社会に価値をもたらす存在なんだと自覚できれば、今の自分を素直に表現し、ためらわずに発信できるようになります。

■知り合いに知られたくないときは……

一方、一定の認知を得たいけれども、ビジネスを始めたことを、昔からの知人に知られたくなくて、自由に自分を表現できないという人もいるでしょう。

認知されたい、でも古い知人には知られたくないというのは矛盾していますが、こうした相反する欲求を多くかかえているのが人間です。

起業や副業では、自分で考えた肩書を名乗り、自分の想いやビジョンをSNSで発信していきます。

そんなふうに「自分自身を積極的に打ち出していくこと」に照れがあると、それが旧知の人たちの目に触れることを、ちょっと恥ずかしいと思ってしまうのです。

もし、そんな感覚に襲われそうになったら、次のことを思い出してください。

あなたが「知られたくない」と思っている、その人たちは、そもそも、あなたのお

客様ではありません。世の中には、今のあなたの知識やスキルを必要としている人がいて、あなたは、そんな未来のお客様たちに向けて発信しているのです。

意識のベクトルを、「ビジネスを始めたことに対して照れがある自分自身」から、「自分の知識やスキルを必要としている他者＝未来のお客様」にシフトさせるのです。

それでも知られたくないのなら、ビジネス用のアカウントを新たにつくれば一瞬にして解決です。そもそもお客様候補ではないのなら、その人たちが知らないアカウントでビジネス関係の発信を始めても、まったく支障はありません。

別のアカウントで発信していても、もちろん、いずれ知られる可能性はあります。そうなったら、もう「おめでとう！」です。

なるべく知られないようにしているにもかかわらず知られたのなら、それだけ自分の認知度が高まっているということです。一定の認知を得るという、ファンづくりの1段階目の着実な達成を意味するので、喜んでいいことです。

それに不思議なもので、旧知の人に知られても、たいていは「笑われるのではないか」「拒絶されるのではないか」と恐れていたようなことにはなりません。

私もビジネス用のアカウントをつくって発信し、昔の友人や同僚の目の届かないところでビジネス活動を始めました。古い知人ともつながっている場でビジネスの発信をすることに、抵抗があったのです。

ところがあるときから、ちらほらと昔の知人から連絡が入るようになりました。

「たまたま見つけて読んだけど、昔のままのあやだね」

「実はけっこう前から読んでたんだ。今度のイベント、行ってもいい？」

ブログを読んだ学生時代の友人から、こうしたコメントが入ったこともありますし、会社員時代の同僚と久々に会ったときに、

「独立したいっていってたから、名前で検索してずっと陰ながら応援してたんだ。刺激もらってるよ」

なんていってもらえたこともあります。

会社員時代の先輩や後輩から、キャリア相談の連絡を受けることも増えたとき、私

はハタと気づきました。

私が設定したペルソナは、「昔の自分のような人」だから、昔の私と付き合ってくれた人たちのなかにも、当時の私と同じような悩みをかかえている人、つまりペルソナに当てはまる人がいたって、何も不思議ではないんだ、と。

やはり**重要なのは等身大で発信することです。**そうしている限り、「ビジネスを始めたことを昔の知人に知られたら……」というのもまた、考えすぎである場合がほとんどなのです。

発信の質を高めるために「余白」をつくる

■「半日の余白時間」で発信力を上げる

質の高い発信を続けるためには「余白」が必要です。

何の余白かというと「気持ちの余白」であり、気持ちの余白をつくるには「時間の余白」を設けることです。

ブログはファンとつながる場です。毎回、メッセージが伝わるように、できる限り心を込めて書きたいですね。

でも、バタバタ忙しくしていると気持ちもざわついてしまって、「書く」ことに落ち着いて向き合えません。気持ちのざわつきは文章にも如実に現れ、雑に書いたことがどことなく読者に伝わってしまいます。

ですから、しっかり書く時間を確保することが、おのずと発信のクオリティにもつながるのです。

書くことに苦手感のある人や、まとまった文章を書き慣れていない人は、とくにそうです。

とはいっても、いつも時間を確保しているのは難しいでしょうから、まず試しに半日くらい確保して、じっくり執筆に取り組んでみてください。

そうしてみると、**内容をしっかり考える、わかりやすく構成する、ひととおり書き上げたら推敲する**、といったことの重要性が身にしみてわかるでしょう。

自分で読んでみても、「ざっと書かれた文章」と「きちんと練られた文章」とでは伝わり方がまったく違うことがわかります。ここで書くスキルが一気に上がり、また、納得のいく記事が書けたという確認が、ブログを続ける自信にもつながります。

■ まずは1記事をきっちり仕上げてみる

これは、実は私自身が経験したことなのです。

ビジネスを始めて最初の半年は副業だったので、会社の仕事が忙しい時期などは、なかなかじっくり執筆する時間をとれませんでした。そんななかで書く記事は、やはり、どこか中途半端でわかりづらくなっているように感じられました。


そんなあるとき、思い切って「何も予定を入れない日」をつくり、とことん納得のいく記事を書いてみようと思い立ったのです。

その日、私はひたすら自分の想いと向き合いました。ノートに書き出したり、書籍からのインプットを得たりして、想いを言葉で丁寧に表現することに取り組みました。

すると、思考と言葉が響き合うように文章が繰り出され、「私が伝えたかったのは、まさにこれだ！」と思える記事が仕上がったのです。

「自分を表現するって、こういうことなんだ」と実感し理解できたのは、このときだったと思います。以降、ちゃんと読者から反応が来る記事を書けるようになり、その反応を見て「ちゃんと届いているな」と実感できるようにもなりました。

記事ごとに半日費やすべきだとはいいません。一度、「いいものが書けた！」と体感するだけでも大違いです。だから、**まず半日、「ここは何も予定を入れない」と自分と約束してしまって、1つの記事を、しっかり仕上げてみてください。**

確かな手応えが感じられたら、「伝わる文章」の勘をつかめたということです。それ以降は、発信の質がぐんぐん上がっていくでしょう。

万が一「アンチ」が現れても直接戦わない

■ 直接対決は避けて別の形で解消する

本書でお伝えしているのは、自分にとっても、お客様にとっても心地いいビジネス空間をつくっていくための「発信のコツ」です。

なかには一定数のアンチがいることも織り込みずみで、挑戦的な発信をしている人もいますが、やはり一番幸せなのは、アンチとは無縁で、かつ高い売上を出していくことではないでしょうか。

ビジネスがうまくいって少し目立ちはじめると、アンチ的なコメントがつくこともあるかもしれません。そんなときのために、念のため、アンチが現れたときの心得についてもお話ししておきましょう。

もし**アンチが来たら、まず「戦わない」こと。そして、「別の形で自分のモヤモヤを解消する」ことです。**

アンチコメントが来てもまったく気にならない人はいいのですが、おそらく、大半の人が気にしてしまうでしょう。少しでも心が傷ついたと感じたら、その傷を見て見ぬ振りはしないほうがいいのです。

だからといってアンチの人に反論を試みても、言い合いが泥沼化して自分が消耗するだけなので、「直接は戦わない」ことです。

その代わり人に話すとか、アンチを責めない形でブログに書くなど、傷ついた心を別の形でケアするといいでしょう。

■ 支持してくれる人たちに向き直す

実は少し前に、私にもアンチコメントがついたことがあります。それまでなかったことなので少し驚きつつも、最初に思ったのは「ついに来たか」ということ。その直後には、見事にスルーしていました。「はいはい、気にしない、気にしない」と。

しかし、実はスルーした気になっていただけ、平気なつもりでいただけであり、本当はものすごくモヤモヤしていたのです。

ラジオでご一緒させていただいている本田晃一さんに、「ついに私にもアンチコメントが来ました！」とお話ししたときに、「本当はどう思ってるの？」と聞かれて、「本当は平気ではない本心」に気づかされました。

そこで「アンチコメントを受けて平気なフリして強がっていたダッサい話」と題した記事を書いてみたら、たくさんの応援や気づかいのコメントをいただきました。

日ごろから支持してくださる方々の愛ある言葉に触れて、ようやく私は、

「アンチになる人がいても当然だよね」

「でも私は、私のことを信じてくれる人たちと一緒にやっていけばいいんだ」

と心から思え、モヤモヤを本当の意味で解消することができたのです。

アンチコメントは「憧れ」「好き」の裏返し、などとよくいわれます。だからまったく気にする必要はないという話なのですが、いざ実際にアンチコメントがついたら、なかなかそうは思えないでしょう。


頭だけで理解し、処理しようとしても心の傷は解消されません。

だから、**まず傷ついた自分に寄り添ってあげる。そして人に話す、ブログで明かすなど、支持してくれる人たちのほうに意識が向くような行動をとることが、一番の対処法です。**

5章

お金がどんどん入ってくる仕組みをつくろう！

マインドブロックを外せばお金は入ってくる

■「これくらいもらえたら、うれしいな」が適正価格

残念なことに、日本にはまだまだ「お金」を汚れたもののように考える風潮が残っています。

テレビドラマを観ていても、お金持ちが悪い人間として描かれていたり、早くに殺されてしまったり、あるいはワイドショーでお金持ちの転落が取り沙汰され、「調子に乗っているとこういう羽目になる」というように見せられたりしています。

「悪い人」「ずるい人」「いつかしっぺ返しを食らう人」といったお金持ちのパブリックイメージは、日本人が、なかなかお金についてオープンになれないことと地続きに

なっているのではないでしょうか。

お金持ちになりたいはずなのに、お金持ちにどこか嫌悪感をいだいている。これでは、実際にお金が入ってくるはずがありません。世の中をめぐっているお金の流れが、自分のところではブロックされてしまうのです。

一方、「お金は苦労して得るもの」という固定観念が、「ラクに稼いではいけない」というマインドブロックにつながっている部分もあると思います。「時給などの固定給としてお金を考える」という思考グセも関係しているのかもしれません。

「自分くらいの年齢だと月給〇〇円くらいが相場」
「ほんの数十分でできることに対して、お金をいただくのはおかしくないのか」

こんな考えに支配されていませんか？

月給も時給も他人に決められているものです。今までアルバイトやパート、会社員として働いてきた人にとって、「自分で自分の値段を決める」というのは、存外にハードルが高いようなのです。

これに対して、起業や副業での値段の定め方自体は、実はとてもシンプルです。**「これくらいもらえたら、うれしいな」と思う値段をつければいい。**これだけです。

でも、マインドブロックがかかっているために、なかなか、こんなふうに素直に値段を設定できない人が多いようです。

ここまでお話ししてきたことを実践していただければ、起業や副業で年収1000万円も夢ではありません。そのレベルに向かって**ビジネスをすくすくと育てていくためにも、お金のマインドブロックを外してしまいましょう。**

■「お手本」に会い1500円のコーヒーを味わう

お金のブロックを外す方法は、主に2つです。

1つは、**実際にラクに楽しく稼いでいるお手本と接すること。**

実際に会いに行けたら最高ですが、そういう人のブログやSNSをたくさん見るだけでも効果があります。

ラクに楽しく稼いでいる人たちに触れるほど感化され、「お金は苦労して稼ぐもの」という思い込みが、「え、こんなふうに稼いでもいいんだ」というふうに解消されていきます。自分もラクに楽しく稼いでもいい気がしてくるでしょう。

もう1つは、**モノの値段にもっと意識的になること。**

たとえば、「コンビニエンスストアの100円のコーヒー」と「ホテルのラウンジの1500円のコーヒー」は、いったい何が違うのでしょうか。

この値段の差は、コーヒー豆の原価の差もあるかもしれませんが、もっと大きいのは「その場で得られる体験の差」でしょう。

ゆったりとした空間、ふかふかのソファ、行き届いたサービス。たった1杯のコーヒーにプラスされている付加価値に納得しているから、コンビニのコーヒーの15倍の値段でも払うのです。

ホテルのラウンジでコーヒーの値段を見て、最初は「高っ!」と思っても、そこで

提供されている付加価値に目を向ければ、納得してお金を払うでしょう。

つまりモノの値段は、ただ単に原価、割かれた労力や時間の量だけで決まるのではなく、数字で測ることのできない価値、「ベネフィット」で決まるということ。**価値に対して納得したときに、人はお金を出す**のです。

これは1人で起業・副業する場合でもまったく同じです。

あなたもまた、自分が想定するお客様に対し、そういう計り知れないベネフィットを与えようとしているはずではありませんか？

モノの値段をもっと意識すれば、「自分が提供しようとしている価値」について、まず自分自身が納得できます。すると素直に「お金を受け取ってもいいんだ」と思えるようになるでしょう。

「高いと売れない」は自分だけの思い込み

■「値段に期待し満足する」のが人間心理

自分で値段を付けるときに「これだと高いかな?」と思ってしまうのは、「高いと売れない」と思っているから、ということもあるでしょう。相応の値段を付けたいと思っていても、「高いと売れない」という考えから、値段を下げる力が働いてしまうのです。

実は、決して「高いと売れない」わけではなく、逆に「高いからこそ売れる」場合が多いといえます。なぜなら、人には「値段に期待を寄せる」という心理があるからです。

たとえば、ティファニーのTスマイルのネックレスが1万円だったら、「お得!」と思うよりも、ちょっとがっかりして買う気が失せると思いませんか? ロレックスの時計が5000円でも同じように感じるでしょう。

ブランド物に高いお金を払うのは、その金額こそがブランドの歴史や品質の証であるという期待があるからです。「このお金を払えば、信頼できるブランドの上質な品物を身に着けられる」という**期待感が、人にお金を出させる**わけです。

この例からも、「高いから売れない」のではなく、「高いからこそ売れる」場合も多いことが見て取れるでしょう。

■ 高額商品がもたらす3つのメリット

では起業・副業の場合はどうでしょうか。「自分は一流ブランドではないし、やっぱり安いほうがいいのでは……」と思ったかもしれませんが、やはり売らんがために値段を安くするのはおすすめしません。

最初はお試しのモニター価格を付けたとしても、いずれ自分の希望に見合う価格に上げることを前提に考えてください。自分の魅力や、自分が提供する商品のベネフィットが価値になると信じて、「これくらいもらえたら、うれしいな」という値段を付けたほうがいいのです。そういえる理由は3つです。

①一流ブランドでなくても、お客様が値段に期待する気持ちは変わらない

「これだけのお金を払うのだから、きっと素晴らしい体験になるに違いない」という期待を込めて買ってくれる人が現れるということです。

②期待を込めて買ってくれる人は、間違いなく良質なお客様

つまり、「これくらいもらえたら、うれしいな」という値段を設定することで、自分にもお客様にも心地よいビジネス空間がつくられるのです。

日ごろの感謝を込めて、あるいは新しいビジネスの小手調べとして、一時的にモニター価格を設定することはあってもいいでしょう。そういう機会をもつと実感すると思いますが、モニター価格で買ってくれるお客様よりも、正規価格で買ってくれるお客様のほうが、期待値が高いぶん、意識や意欲、商品の価値に対する納得度が高く、結果的に満足度も高くなるのです。

そして満足度が高いお客様は、高い確率でリピーターになったり、いい口コミを広げたりしてくれる。高い値段を払ってくれたお客様が、こうして、ビジネスのさらなる発展にも貢献してくれるようになるわけです。

③高い値段に見合う商品やサービスにしようという自分の意欲が高まる

自分の知識やスキルを使って、お客様の体験をどこまで高めたらいいだろうか。私の例でいうと、「ゼロスタートの人を、毎日、質の高いブログ記事を書けるようにする」というように、講座の目標設定が高くなったりするのです。

また、高いお金を払ってくれたお客様に対して、プラスアルファのサービス精神が発揮されることもあるでしょう。

たとえば、ちょっと高級感のあるホテルの会議室をセミナー会場に選んだり、すてきな小物をプレゼントしたり、といったことです。私も、高額セミナーに申し込んでくれた方には、いっとき、エルメスのノートなど「自分ではなかなか買わないけど、もらったらうれしいもの。やる気につながるもの」をプレゼントしていました。

有名ブランドやセレクトショップなどで大きな買い物をすると、すてきなノベルティがついてくることがあります。まさにそういう感じで、高い商品を買ってくれたお客様には、ちょっとした「おまけ」を添えるのもいいでしょう。

このように、高い値段設定によって自分の意欲やサービス精神が高まることが、また顧客満足度アップにつながり、ここでもリピーターや口コミにつながっていくという好循環が生まれるのです。

値段を下げるというのは、自分の価値を下げるということです。情熱の源泉をもって、ペルソナに当てはまる人たちにベネフィットを提供しようとしている、そんなあなたの魅力が価値なのだから、自分を低く見積もらないでください。

「高いと売れない」という思い込みは、ここで消し去ってしまいましょう。

集客できなかったら「やり方」を変えてみる

■ 少人数からじわじわと広がるのが理想

発信を一定期間続け、商品の紹介などもしたのに、なかなか集客に結びつかない。これはよくあることです。そこでまた「自分には価値がないんじゃないか」という自信喪失に陥るかもしれませんが、集客できなくても、あなたの価値はいっさい損なわれません。

そもそも最初のうちは、ごく少数の人に買ってもらったほうがいいのです。まだビジネスに慣れていない段階で、いきなりたくさんのお客様が押し寄せたら、きっとパニックになってしまうでしょう。すると対応がおざなりになったり、サービスの質が落ちてしまったりなどで、クレームにつながりかねません。

その点、少数のお客様だけならば、不慣れでも1人ひとりにきちんと対応できます。まだ知名度がないあなたの商品を買ってくれたということは、それだけあなたに期待や応援の気持ちを寄せているに違いありません。

こういってはなんですが、そういうお客様が相手ならば、多少、失敗しても大丈夫です。きっと質のよいフィードバックをくれて、商品の向上につなげられるでしょう。

自分が気持ちよくビジネスしていくには、このように**最初は少数から始めて、じわじわと広げていったほうがいいのです。**

■それでもあなたの価値は変わらない!

そうはいっても、やっぱり集客が少なすぎると思ったら、見直すべきポイントがあるのかもしれません。

だとしても、**やっぱりあなたの価値はいっさい変わりません。そのうえで集客でき**

ない理由を挙げるとしたら、「必要としている人に情報が届いていない」か、「ビジネスの方向性がずれている」かのどちらかでしょう。

たとえていえば、キャッチボールで投げた距離が短すぎるのか、投げる方向が違っているのかのどちらか、ということです。

投げるボールが、あなたの価値です。投げる距離が短くても方向が違っていても、ボールはボール、その性質は変わりません。

必要としている人に情報が届いていない、商品設計がずれているというのは「やり方」の問題です。そこで届けようとしているもの、つまり、あなたの価値が損なわれるわけではないのです。

たとえば、会社で何年もスキルを積み重ね、独立してビジネスを始めた人がいるとします。たとえ集客できなかったとしても、その人が何年もかけて積み重ねてきたスキルが消えてなくなるわけではありません。すべてにおいて、同じことがいえます。

くれぐれもこの点だけは忘れずに、やり方の部分を見直してみましょう。

もしかしたら、あなたが届けたい相手は、あなたが選んだSNSを使っている層のなかには少ないのかもしれません。だとしたら、発信媒体を変えてみるというのもひとつの手です。

あるいは、あなたが設定したペルソナに当てはまる人たちは、実はあなたのビジネスにそこまで求めていないのかもしれません。だとしたら、ペルソナの設定を見直してみる必要があります。

また、ベネフィットの点でペルソナとずれているため、ペルソナに当てはまる人たちの心に、あなたのビジネスのよさが響いていないという可能性もあります。

前に出した例ですが、同じジャンルの商品でもペルソナの年齢が5歳違うだけで、謳うべきベネフィットは変わります。このようにベネフィットとペルソナがずれていると考えられる場合は、ベネフィットのほうを見直してみるのもひとつの方法です。

ペルソナを見直すか、ベネフィットを見直すか、いずれにしても軌道修正することで、あなたのビジネスを本当に必要としている人たちに届くようになります。まず反応が変わり、集客にも変化が起きていくでしょう。

■ 届いているのか方向が正しいのかでやり方を見直す

先ほど、発信を続けても反応がない場合、「投げるボールの距離が短すぎる」か、「投げるボールの方向が違っている」かのどちらかである可能性が高い、とお話ししました。

ここでいくつか具体例を挙げながら、「やり方」の見直し方を説明しておきましょう。

①「認知が足りていない」「質がともなっていない」場合

ボールの距離が短すぎるというのは、「認知が足りていない」か、「質がともなっていない」ということです。

「認知が足りていない」のであれば、たとえば、ずっと5人に向けて投げつづけるのではなく、5人を10人、50人へと増やしていく工夫をすることで、ボールを受け取ってくれる人が多くなるでしょう。

それには、次のようなアクションが有効です。

・同じSNSを使っているユーザー層へ、自分からもフォロー、読者登録、コメントなどのアクションをしてみる。

・知人に「こんな発信を始めたよ」とお知らせしてみる。

・同じようなジャンルで発信している人、興味関心が近そうな人にDMを送ってみる、自分と似たペルソナ層を集めている人が主催するオンラインのイベントやコミュニティに参加してみるなど、交流を図る。

「質がともなっていない」のであれば、専門用語は使わないなど、もっとペルソナに伝わりやすい言葉で表現したり、キャッチーで目を引く発信になるように表現を工夫したりすることで、ボールを受け取ってくれる人が増えるでしょう。

たとえば、サロン経営の初心者向けにリピート客をつくる秘訣を伝える講座で、「ご新規様を顧客にする方法」という商品名では、いったい何を学べる講座なのか、ペルソナにはベネフィットがよくわかりません。

「顧客」というのは、マーケティング用語で「リピートのお客様」という意味なのですが、その概念を知らない初心者向けの商品名に使うのは得策ではないのです。

「顧客」という専門用語をぐっと平易に落とし込み、「また来たいと思うサロンづくり」「毎月予約で埋まるサロン経営の秘訣」などとすれば、ビジネス初心者にも一発でベネフィットが伝わるでしょう。これは、ある講座生に実際にアドバイスしたことです。

②ペルソナと発信が食い違っている場合

また、ボールを投げる方向が違っているというのは、自分が設定したペルソナと、発信の内容や手法が食い違っているということです。

例を挙げると、

・「会社員のOLさん」に向けて発信しているのに、「平日の昼間」に更新したり、平日の昼間開催のサービスを販売したりしている

↓ペルソナ（会社員のOLさん）に合わせた更新時間帯になっていないため、ペルソナが確認できる夜や朝の時間帯にSNSを更新し、イベント開催の時間帯も変更する。

・「高級感が売りのパーソナルトレーニング」を販売しているのに、「若者に人気のtiktokでポップな動画発信」をしている。

↓ペルソナ（高級感に価値を見出す大人の女性）とSNSのユーザー層が異なっているため、ペルソナが多く利用していそうなSNSに切り替える。

というような見直しが必要になります。

ここに挙げたのは比較的簡単でわかりやすい修正ですが、場合によっては、ペルソナに合わせて発信内容を変えるか、発信内容に合わせてペルソナのほうを変えるか、

どちらをとるかという選択が必要になることもあります。

たとえば、「40代向けのアンチエイジングの情報」を発信しているのに、「20代に人気のプチプラ情報をメインに発信している」とします。

この場合、ペルソナを変えないのであれば、「40代のアンチエイジングに効果的なドラッグコスメ」をメインに発信したほうが届きやすくなります。

ただ、もし20代の読者から「教えてほしい」などの声が多く寄せられていて、それに応えたいと思うのなら、ペルソナのほうを変えます。そうなると、商品内容、その提供方法や価格帯なども、1から考え直す必要があります。

ペルソナは変えずに、発信や商品の内容を変えるか。それとも発信や商品の内容は変えずに、ペルソナを変えるか。

いずれにせよ、ビジネスの土台は自分の情熱の源泉ですから、そこをあらためて掘り返し、自分がどう感じるかで判断するといいでしょう。

あなたのタイプをシミュレーションしてみよう

■「低単価で多く売る」か「高単価で少なく売る」か

ここまで読んできて、いかがでしょうか。

自分だったらどんなビジネスができそうか、イメージは湧きましたか。

どう考えればいいのか、どう実践すればいいのか。概要はわかったけれど、いざ自分に当てはめてみると、まだあまり具体的にイメージできない、という人も多いかもしれません。

そんな人は、成功例を参考にするのが一番いいでしょう。

ここでは私の起業セミナーの卒業生や起業仲間で、すでに起業・副業で立派に成功している人たちの実例を紹介します。

起業や副業にはいくつかのタイプがあります。

もっとも注目したいのは、「売上の立て方」で、「低額で多く売る」ものと、「高額で少なく売る」ものの2パターンがあります。

たとえば、同じ月収50万円でも「単価5万円を10人に売る」「単価10万円を5人に売る」の2パターンが考えられるということ。これは主に職種によって変わります。

■「本業か副業」か「キャリアの連続性」はあるか

「本業」なのか「副業」なのかというのは重要な視点です。副業として運営している人もいれば、最初は副業から始めて、今は本業としている人もいます。これは起業・副業のキャリアパスの参考になるでしょう。

なかには年収がかなり高くなってきたため、法人化している人もいます。個人事業主として始めたものが法人へと成長し、スタッフを雇ってさらにビジネスを拡大する。そんな将来も見えるということです。

また、「キャリアの連続性」という視点も参考になります。会社に勤めていた人が同業で独立したケースもあれば、まったく違う業種で新たにビジネスを始めたケースもあります。会社勤めの経験のない人が、趣味や生活のなかで培ったスキルをビジネスにしているケースもあります。

こんなところにも注目してみると、今の自分のどんな知識やスキルが生かせるか、ビジネス構築について考える足がかりになるでしょう。

そして最後に注目していただきたいのが、「フォロワー数」です。次頁の表は私の起業仲間と起業セミナー卒業生の一部を表にしたもので、みな相当に稼いでいます。インスタグラマーの方のフォロワー数はさすがに多いのですが、ほかの方たちは決して多くありません。

立派に売り上げているのは、ペルソナをしっかり設定し、その人たちだけのためにビジネスを構築した結果といっていいでしょう。

みなさんは、どのケースにもっとも当てはまりそうですか？

	物販	資格	インフルエンサー	代行業			事務サポート	
	アクセサリー、雑貨、お菓子、アート作品販売など	薬剤師、看護師、助産師	ユーチューバー、ブロガー、インスタグラマー	営業代行、人事代行、広報代行			事務、経理	
美容室経営	雑貨販売	ファイナンシャルプランナー	インスタグラマー	PRプロデューサー（広報代行）	PRプランナー（広報代行）	企画アドバイザー（企画代行）	起業家事務サポート	社長秘書
本業	副業→本業	副業	副業	本業	本業	本業	副業	兼業
会社経営10年目	個人事業主3年目	個人事業主5年目	個人事業主4年目	個人事業主2年目	個人事業主8年目	個人事業主5年目	個人事業主5年目。NY在住	個人事業主2年目
あり 東京、長野、沖縄で美容師を10年経験後独立。現在5店舗経営	なし 月収24万円のOLから、趣味の雑貨製作を副業、本業に。	あり 銀行勤務10年、ファイナンシャルプランナーの資格を取得し副業開始。	なし	なし ダイエットサロン経営からの転身。	あり 3年間のPR会社勤務、2年間の企業広報を経て独立。	なし	なし	あり
少額×多数	高額×少数+少額×多数	少額×多数	少額×多数	高額×少数	高額×少数	高額×少数	高額×少数	高額×少数
80～100万円	副業時4～5、現在80～180万円	30万円	50～100万円	50万円	100万円	80万円	15万円	25万円
ウェブマーケティング、ホットペッパー、紹介			インフルエンサーグループに入る	新規は口コミ。フェイスブックも活用				

❖起業仲間とセミナー卒業生の起業状況

職種の分類	技術クリエイティブ				講師業		サロン経営	
	イラストレーター、カメラマン、ライター、デザイナー、司会業				コンサルタント、カウンセラー、パーソナルスタイリスト		エステサロン、料理教室	
現在の肩書き	Webデザイナー	フォトデザイナー	フードコーディネーター	ブックライター	ダイエットコーチ（協会理事）	整骨院経営	料理教室（オンラインサロン運営、料理教室運営）	バスト専門エステティシャン
本業／副業	本業	本業	副業→法人化	本業	本業	本業	副業→本業	本業
一人ビジネス歴	個人事業主6年の後、法人化1年目	個人事業主5年目	会社起業2年目	個人事業主10年目	会社起業16年目	個人事業主4年→法人化2年目	起業6年目会社設立4年目	個人事業主3年目
スキルの連続性	あり Webデザイン事務所に5年勤務の後独立	なし	あり	あり 編集プロダクション1社6年、出版社2社4年勤務後独立。	なし 専業主婦12年の後起業	あり 整骨院勤務5年後独立	あり 家庭科教師中、料理家のもとで修行、レンタルキッチンで副業後独立	なし
売上の立て方	高額×少数	高額×少数	高額×少数	高額×少数	高額×少数	高額×少数+少額×多数	高額×少数+少額×多数	高額×少数
月収	100万円	80万円	副業時5～15、現在100万円以上	50～120万円	125万円	250万円	100～700万円	50～100万円
集客方法	口コミと紹介	個人：インスタグラム、ブログ、フェイスブック／法人：紹介				紹介	インスタグラム、ブログ	

お金がどんどん入ってくる仕組みをつくる

■「バックエンド」と「フロントエンド」

ビジネスで利益を生んでいくためのマーケティング戦略に、「フロントエンド」「バックエンド」という考え方があります。SNSでビジネスをしていくうえで、とても重要な考え方なので、最後に説明しておきましょう。

・フロントエンド

集客をするための商品のこと。利益重視ではなく、新規のお客様と接点をもち、商品のよさを知ってもらうことを目的としています。そのため、購入しやすい金額にしつつも、売り手や商品のよさがよく伝わるような商品設計が必要です。

1人で起業・副業をする場合だと、お茶会、モニター、低価格のセミナー、無料の電子書籍、低価格の動画の販売や動画プレゼントなどがフロントエンドに当たります。

・**バックエンド**

高額な商品や、継続的な販売が見込める商品のこと。利益を出すことを目的としています。ターゲットは、すでに支持してくれている既存のお客様なので、高額ながらも、フロントエンドより低い労力で売ることができます。

この2つを併用していくと、恒常的に利益を得られる仕組みができ上がります。

こういうと、フロントエンドで裾野を広げておいて、より高額なバックエンドに導くというのが理想的な展開と思われそうですが、実は逆です。とくに**1人で起業や副業をする場合は、まずバックエンドを確立したほうがいい**のです。

本書でお話ししてきたビジネス構築の考え方は、まずバックエンドを確立するためのものです。情熱の源泉を見つけ、ペルソナを設定し、ベネフィットを定める。そしてSNSでの発信を通じて価値を伝える。すると、あなたを支持する人が現れ、高額商品を買ってくれるようになります。

高額商品を買うお客様は、意識も意欲も、商品の価値に対する納得度も高いので、満足度も高くなりやすい。それがリピートや口コミにつながる、というのもすでにお話ししたとおりです。

ただし、コアなファンが高額商品を買ってくれるようになったとしても、長く続けるとなると商品が枯渇してしまう可能性がゼロではありません。

そこで、さらに**利益構造を盤石にするために、フロントエンドで新規のお客様にもアプローチしていこう**というわけです。

■ 利益を最大化するには順序がある

フロントエンドは低額、時には無料で提供するものなので、労力の割に利益が少ないと感じるかもしれません。実際、経費がかさんで赤字になることもあります。

でも、フロントエンドの商品で満足してもらえれば、そのお客様の何割かは、きっとバックエンドの商品にも手を伸ばしてくれるでしょう。

短期的には割に合わなくても、長期的にはそれを上回る利益につながっていく。これがフロントエンドの効果です。

まずメインとなる高額商品を確立することに注力し、その売上が安定してきたら、低額・無料の商品を設けていくのがいいでしょう。

①コアなファンをつくり高額商品を販売する（確実なお客様で利益を出す）
②低額商品で新規のお客様を広く集める（高額商品の予備軍をつくる）
③その新規のお客様にコアファンになってもらう（リピートしてもらううちに高額商品を買ってもらうようにする）

という順序で考え、ゆくゆくはこの仕組みを確立して利益を最大化しつつ、コアなファンと一緒にビジネスを発展させていってください。

自分が自分の「最初で最高のファン」になる

■ 商品はスキルではなく自分自身

どんなモノやコトを売るにせよ、スキルを磨くことは欠かせません。

ただ、ここで陥りがちなのは「高度なスキルこそが自分の価値である。だからスキルを高度に磨き上げなくてはいけない」という思い込みです。この思い込みがあると、「今のレベルでは、まだ足りない」「まだ売れない」とスキルを磨くことばかりに意識が向き、なかなか売るための一歩を踏み出せなくなってしまうのです。

また、例えば講師業などでは、スキルだけを売ろうとすると、スキルだけを求めるお客様がやってくることになります。

ライフスタイルや価値観も含めて一緒に向上していく仲間というよりは、損得勘定が強く、「とにかく早くメリットを得たい」という人が多くなり、どことなく場が殺伐としてしまうのです。

せっかくなら、気持ちよくビジネスをしたいものです。そう考えても、やはり**高度なスキルだけを自分の価値とするのは得策ではありません。**

本書を通してお伝えしてきたとおり、コアなファンとは、ライフスタイルや価値観も含めてあなたに共感し、「そんなあなたから買いたい」と思ってくれる人たちです。

つまり**「自分という人間」そのものが商品なのです。**

■ 自信がある人のほうが売れる

誤解を恐れずにいえば、高度なスキルよりも大事なのは、自信をもつこと。その自信に裏付けられた魅力的な発信によって、フォロワーはファンとなり、そしてコアなファンへと変わっていきます。

起業・副業では、実は「一番スキルが高い人が一番売れる」という法則は必ずしも成り立ちません。「高度なスキルはあるのに自信がない人」よりも、「スキルはそこそこだけど自信がある人」のほうが、コアなファンはつきやすくなります。

ということは、つまり、まず自分自身が「自分という人間の価値」を認めてあげる必要があります。**自分が自分の一番のファンであることは、起業や副業を成功させる第一条件なのです。**

- **これから自分が提供しようとしている商品は、誰かを笑顔にすることができる。**
- **自分という人間の存在が、誰かの人生を照らす光になる。**

こんなふうに自分の価値を認めることができた人から、サラッとたくさん稼ぐようになっていきます。起業セミナーの卒業生たちを見ていても、そう感じます。

まだ、そこまで思えないかもしれませんが、大丈夫。今はナンバーワンでなくても、「このスキルを売ろう」と思っている時点で、すでにあなたのスキルには、かけがえのない価値があるに決まっています。それがコアなファンと一緒に成功させていく、オンリーワンのビジネスの種になるのです。

おわりに

私が将来の働き方に悩んでいた20代後半、悶々としていたとき、気づくといつも本屋さんに立ち寄っていました。気になるタイトルの本を買って帰っては、休日にむさぼるように隅から隅まで読んだものです。

「普通の会社員から、ここまで成功したと書いてあるのだから、私にもできるかもしれない」と自分に言い聞かせてみることもあれば、「こんなの、特別な才能のある人の別世界の夢物語でしょ！」と本をパタンと閉じることもありました。

本書を読み終えたあなたは、今、どちらの気持ちでしょうか？

私は悩んだ時期はありましたが、多くの本や、出会いをいただいた起業した先輩たちに勇気づけられて、ひとりでビジネスを始める決断をしました。今度は私が、みなさんの背中を押す番だと思いながら、この「おわりに」を書いています。

今は、誰にでもファンができる時代です。そして、本書でお話ししたとおり、何万、何十万というファンがいなくても、生計は立てられます。現に私のまわりには、そうやって素敵なお客様に囲まれ、自分の心地よいペースで長く愛されるビジネスをしている人がたくさんいます。

この流れは今後、間違いなく加速・拡大していくでしょう。

最後に、今まで売れている人たちをたくさん見てきたなかで、私が「圧倒的にここが違う」と感じたところをお伝えして、本書を締めくくりたいと思います。

「売れている人」は、完璧でない自分のままで売れることを許せる人です。これこそ

が「売れる秘訣」のなかで、もっとも本質的で大切なこと。

長い間、多くの人に愛されているアニメの主人公って、たいていはダメなところだらけです。でも、みんな愛おしく感じませんか。同じことがみなさんにもいえます。

世の中に完璧な人なんていません。でも、愛されるし、応援してもらえるのです。

だから、完璧な自分をつくり上げてからビジネスを始めるのではなく、まず、ありのままの、今のあなたでスタートしてください。

そして、誰かを笑顔にして、お金を受け取ってみてください。その受け取ったお金は、自分をいちばん喜ばせることに使ってあげてください。きっと、今までとはまったく違う風景が見えてくるでしょう。

みなさんそれぞれがオンリーワンの持ち味を生かし、まだ見ぬ世界の扉を開いていかれますよう、心から応援しています。

著　者

藤 あや（ふじ あや）

ライフコンサルタント ㈱ふじあやオフィス代表

◎1986年神奈川県生まれ。2009年青山学院大学を卒業し、富士ゼロックスに営業職として入社。約1億円の案件を受注し、その先進性が評価され社長賞を受賞。全国5000人の営業トップとして複数回表彰される。

◎2017年、コーチング業で活動を開始。「好きなことで稼ぐ方法を知りたい」という声が多かったことから、〈SNS集客ノウハウ×営業スキル〉の強みを生かし副業支援コンサルを開始。

◎2019年「日経doors」アンバサダー就任、公式オンラインサロン「艶めきサロン」をオープン。

◎現在はコーチングと起業支援を掛け合わせた講座、SNS活用スクールを運営。本人の魅力を引き出しSNS集客で「ファンづくり」をする実践ノウハウに定評があり、これまでに300名以上のビジネス構築をサポートしている。

ファンは少ないほうが稼げます

2021年11月10日　第1版 第1刷発行

著　者　　藤あや

発行所　　WAVE出版

〒102-0074 東京都千代田区九段南3-9-12

TEL：03-3261-3713　FAX：03-3261-3823

振替：00100-7-366376

E-mail：info@wave-publishers.co.jp

https://www.wave-publishers.co.jp

印刷・製本　　萩原印刷

NDC335　223p　19cm　ISBN978-4-86621-380-4